U0899517

财经易文

www.ewinbook.com

直销经理的第一本书

[美] 迈克尔·马拉汉 著
吴幸玲 译

Making Millions in Direct Sales

中国财政经济出版社

图书在版编目（CIP）数据
直销经理的第一本书/（美）马拉汉著；吴幸玲译．—北京：中国财政经济出版社，2006.6
书名原文：Making Millions in Direct Sales
ISBN 7－5005－9085－7
Ⅰ．直…　Ⅱ．①马…②吴…　Ⅲ．销售—基本知识　Ⅳ．F713.3

中国版本图书馆 CIP 数据核字（2006）第 042827 号
著作权合同登记号：图字 01－2004－0644 号

Michael G. Malaghan
Making Millions in Direct Sales
ISBN 0－07－145150－1

中国财政经济出版社 出版
URL：http：//www.cfeph.cn
E-mail：webmaster@ewinbook.com

社址：北京海淀区阜成路甲 28 号　邮政编码：100036
发行电话：010－88191017
三河市世纪兴源印刷有限公司　各地新华书店经销
787×1092 毫米　16 开　18 印张　240 千字
2006 年 6 月第 1 版　2006 年 6 月北京第 1 次印刷
定价：39.80 元
ISBN 7－5005－9085－7/F·7904
（图书出现印装问题，本社负责调换）

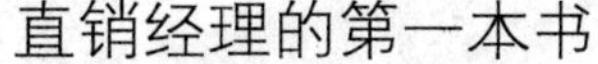

目　　录

第五项关键行动

复制自己

第六项关键行动

激励

第七项关键行动

管理

第八项关键行动

领导能力

前 言

> 如果你没有坚持到最后的想法，又何必要开始呢？
>
> ——乔·纳马斯（Joe Namath），足球选手

你为什么需要这本书

《直销经理的第一本书》是一本相当实用且值得一看的工具书，是特别针对直销产业的业务经理所写的书。如果你也身处在这个蓬勃发展的产业，这本书正是为你量身打造的。

大多数提供给业务经理的书都出自学院人士之笔，内容多着墨于传统B2B（business-to-business）的销售，不然就是由《财富》（*Fortune*）500强企业的前经理人执笔，书写他们过去向其他500家大企业销售的经验。同样，这还是B2B的销售。

而这本书“实话实说，让你赚大钱”的风格，一定能够吸引务实的你。不管你身在何方，卖的是什么产品，或是在业界工作了多长的时间、有多少的经验，书中这些看起来很平常却效用十足的指导方针，都可以指导你成为销售高手。

为什么是我

1994年9月，我面对着自己手下一群顶尖的销售经理演讲，并公开发誓：“在你们当中至少10个人成为百万富翁之前，我不会离开这个职位。”

我将这段誓言谨记在心，而最后的“完成率”是预定计划的2倍。当时我敢这么说，凭借的可不是匹夫之勇，而是我根据40多年的销售实战经验建立起来的一套培训优秀业务经理的有效系统。

我必须承认，在我一开始踏进销售市场时，完全没想到可以把自己和业务伙伴带入最高的销售境界。就像很多经营销售事业的人一般，一开始我也是从低微的职位做起，那时候我把它当成一个找到“正当差事”之前的临时工作。当时是20世纪60年代，我还是一个学生，从事挨家挨户敲门的百科全书推销工作。而在参加和平团（Peace Corps）之后，我在加勒比海成立了一个直销企业“集团”，在群岛地区建立直销团队，销售教育课程及不锈钢厨房用具。1978年离开加勒比海后，我分别在日本、美国及英国领导一个面对面销售部门。这期间我并没有什么特别的表现，直到1991年——我生命中最大的转折点。那时候公司给我一个机会，要我到中国台湾发展一项全额佣金（full-commission）销售事业，而且我可以运用过去30多年来所学到的技巧，完全以“自己的方式”去运作。

我在1991年抵达中国台湾的时候，面对的是空无一人的办公室。8年之后，公司拥有1100名全额佣金业务代表，分布于中国台湾与香港的四家分公司中，每年的营业额高达7500万美元。在创下如此辉煌的纪录后，公司将日本纳入我的业务管理范畴，并提升我为企业总裁。此后3年中，日本的销售业绩从4000万美元一跃而达到1.25亿美元。

连续11年，由我所带领的分公司年年业绩都在增长，公司获利也随之增加，即使某一个国家当时正处于经济衰退期，我们的业绩依旧逆势成长。我相信，所有业务人员的成功都是来自于我所开发的、磨练世界级业务经理的系统，而关键正是我建立了一套正确的运作模式。

你也可以利用这套模式——它并不遥远，就在这本书里等着你去发掘。

为什么是现在

过去42年来，我一直在寻找一本特别的销售管理书籍——一本能够告诉我如何改善招聘、训练与激励业务团队的书，特别是这是一个直接向终端消费者推销，并使用业绩导向佣金系统的销售团队。然而，我遍寻不着，于是决定自己写一本。

别误会我的意思，市面上其实还是有很多值得一读的好书，这些焦点锁定在激励和销售技巧的好书通常历久不衰，其中我最喜欢的两本是金克拉（Zig Ziglar）的《与你在巅峰相会》（*See You at the Top*）及乔·吉拉德（Joe Girard）的《无往不利的推销术》（*How to Sell Anything to Anybody*），它们都是销售冠军榜上的经典之作。金克拉和吉拉德在销售战场上磨练出很好的本领，他们也都进行佣金销售与直销。另外，汤姆·霍普金斯（Tom Hopkins）和杰弗瑞·基特玛（Jeffrey Gitomer）也写过教大家面对面销售的实战好书。不过一直到今天，始终没有一本关于管理直销人员方面的经典之作，而《直销经理的第一本书》满足了这样的需求。

我最期盼的是，今天还在直销界的所有经理人，以及无数个想要成为业务经理的人员都能够发现：这正是他们现在及未来几年内所需要的绝妙好书。

为什么是你

无论你现在的工作能力有多强，一定还有进步的空间，让你不但成为更有效率的领导人，而且还会成为更加成功的业务经理。

在我拥有管理2000名直销代表所需的一切工具时，我已经投身这个产业40年；而你，不需要等这么久的时间。

每个星期或每个月，你都会收到一张双面报表——一面是你的销售业绩，另一面是你的个人收入。刹那间，努力与成果之间立刻出现紧密的联系。你想要有更好的表现，而我可以帮你做到！

在我35岁的时候，我已经担任销售经理15年了。当时的我是个自以为无所不知、骄傲自大的家伙。然而，今天我九成以上的知识都是在那之后才学到的，也就是说，你在这一本书中看到的大部分内容都是我在“无所不知”之后才学会的。

为什么是这种方式

大部分的业务经理都没有时间去看长篇大论的管理书籍，他们只想知道怎么做会更有效，以及该如何做。因此，本书不只是简洁地和大家分享一些忠告，同时也呈现了上百则具有人情味的故事，证明这些建议的可行性。

你可以一页一页地仔细阅读这本书，也可以把它当成解决日常问题与特殊情况的工具书。每一章都锁定一个关键的销售管理功能，让读者可以迅速得知他迫切需要的信息，无须把整本书从头到尾翻遍。这是一本你可以放在身边、时时翻阅的参考书。

《直销经理的第一本书》将告诉读者成功的业务经理每天必须进行的8项关键行动，这些行动的顺序有一套特定的逻辑，不过，每一章的内容是各自独立的，只是部分整合起来之后会出现一加一大于二的效果。你不需要按照章节顺序来阅读这一本书，尽可先翻阅自己急需知道的部分，然后再去读另一个章节。

以下先简要介绍一下各章节的内容：

- **第一项关键行动：销售**。我们产业的特征就是“展示和介绍”，所以我们的第一项基本行动就是展示样品。“照我说的，而不是照我做的来做”对于管教子女可能偶尔会奏效，但对于业务经理来说，这是个错误的策略。第1章和第2章将强调为什么对一名销售经理来说，待在销售现场是一件很重要的事情，并且解释业务经理的销售时间和一般业务员有何不同。我们也将详细说明训练的技巧。
- **第二项关键行动：开发客户**。关于开发潜在客户这一点，真实的情况和你以为的往往相互冲突，然而，这却是扩展业务人员能力的关键所在。事实是：潜在客户的数量总是超出你的业务人力足以接触的范围。只有少数的经理懂得运用所有的开发客户工具，所以在这一部分，读者可以学习到如何确定广大的潜在客户范围，一旦确认较大的机会所在，就可以运用我们所介绍的开发客户技巧，让你随时拥抱无所不在的市场。这些营销组合绝对可以让你在不断扩张的销售王国中，永远昂首阔步、满怀自信。
- **第三项关键行动：招兵买马**。永远、永远、永远要持续进行招聘活动。我们将在第 8 章向读者提供 17 种有效的招聘方法，第 9 章则清楚介绍招聘面试过程的 10 个步骤，这些方法可以协助你让你的训练教室挤满比以往更多、更好的应聘者。

- **第四项关键行动：教育训练**。销售训练是表演技巧、规划与转移技巧的组合。你是负责控制训练的人，如果你的业务伙伴找不到顾客或交不出订单，那就是你的错。这个部分共有 6 个章节，涵盖了所有的训练机会：如何及为什么要进行销售现场训练、协助新人拿到第一张订单、留住新人一个星期以上、提供资深业务员受训的挑战、让课堂技巧更生动、利用现场训练、60 种确保业务会议有趣的方式。如果你正准备开设训练课程，尽管先选读最符合你需求的部分。
- **第五项关键行动：复制自己**。为自己下一次的升迁做好准备；增加销售是第一步，培训新业务经理来取代自己则是第二步。在这部分的章节中，第 16 章的焦点在于如何发现、定义与训练小组领导人、现场经理，或是业务管理的第一级主管。第 17 章谈的是分派与授权，这里要讨论的不只是分配工作，还要清楚说明该如何做。在第 18 章中，我们提出了 5 天重要干部培训的计划，可以协助你快速将你的经理变得更优秀。
- **第六项关键行动：激励**。这部分将向读者提供相当重要的业务管理技巧。既然激励是从领导开始，第 19 章就是要协助你设定维持自我激励的目标，这样才能获得被你激励的业务员的信任。第 20 章将解释如何利用 14 个重要的激励因素来激发团队成员尽其所能地发挥。第 21 章告诉你如何与业务代表一起进行目标设定。第 22 章则是讨论如何把业务竞赛整合到你的整体激励计划中。
- **第七项关键行动：管理**。彼得·德鲁克（Peter Drucker）最著名的一句话是："管理是把事情做对，领导则是做对的事情。"这句话说明了为什么在本书中我们要把管理和领导分成两种责任来谈。在这部分的四章中，我们将告诉读者如何管理时间、提升客户服务以求得引荐机会、为业务团队提供开发与销售工具，以及提醒你如何利用网络。

- 第八项关键行动：领导能力。第 27 章是本书最不寻常的部分，文中列出 12 种会毁灭业务经理的恶魔特质。接下来的章节则是协助你识别自己已具备的领导特质、鼓励你确认自己想要进一步发展的特质是什么、建议你该如何提升这些领导能力，以及如何发展领导人性格。魅力不是极少数人才能拥有的，通过练习，你也可以散发魅力，成为成功的领导人。

以上是所有内容的概述，你可以从中选读自己在进行成功销售管理过程中所需的部分。

下面我们提供一个例子，说明我们会如何培养你的领导技巧。

为什么要好消息

大多数伟人的性格都不是百分之百完美，但他们绝对都是充满热忱的人；正是因为这一点，他们的缺点才变得微不足道。

——查尔斯·希拉米（Charles A. Cerami），作家

30 多年来，当我想知道业务员做得如何时，我总是问他们："你接了多少订单?"或是"昨天过得怎么样?"那时候我并不了解这样的问法在他们听来就是在说："你帮我赚了多少钱?"

直到我过了 50 岁生日后，我在看到业务代表时才改口问道："有什么好消息?"让我们面对这个事实：多数时候，业务员都是处于没有接到订单的情况，业务经理"停工"的日子会比"上工"的时候多，但好消息总是会有的。如果业务员拿到一张订单或是聘用了一名新业务员，他会立刻向你汇报。一旦新的引荐计划产生了三条业务线索、新刊登的报纸广告带来更多的业务新兵、周末在购物中心将有个大型的销售活动，这些都是你会知道的好消息。

当我把大部分对话的第一句改成"有什么好消息"之后，效果立即而明显。绝大部分的人都会急着想要告诉我一些正面的事情。

《直销经理的第一本书》将在你成功的基础上，进一步向你提供成功

的业务管理实务。你已经证明自己具有在直销产业中成功发展的人格特质与工作伦理；在你的事业蒸蒸日上之际，你依旧愿意接受训练以强化自己的技巧与潜力。你已经面对并战胜了障碍，克服了失败与拒绝的恐惧。简言之，你已经拥有了担任成功业务经理的条件。

你具有成为百万富翁的本质，现在，你唯一没有的可能是所有成功的技巧；然而，成功业务经理的技巧与潜能是任何一位跟你处于同一位置的人都可以学习的。只要你学到所有成功业务管理所需的技巧或习惯，就可以大获成功，而《直销经理的第一本书》所涵盖的工具，将清楚告诉你如何利用它们来打造你的销售王国。

第一项关键行动

销售

你只有成为成功的销售人员，才有机会成为一名优秀的业务经理。为了坐上这个管理职位，你必须不停地销售。当团队的业务员看到业务经理持续进行销售活动时，通常他们的销售成绩也会加倍成长。

在电影《特洛伊》（*Troy*）中，有一幕是阿基里斯（Achilles）率军大败一个规模相当庞大的军团。如同一般的军队，阿基里斯并不需要参与实际的战斗，但由他所率领的士兵被公认为是希腊最强大的军队，从这一点就可以证明他的领导相当具有威力。

莎士比亚笔下的“亨利五世”在著名的圣克里斯平节（St. Crispin's Day）演说中，不仅告诉他的士兵要做什么，更通过荣誉的愿景作为激励，领导大家在阿金库尔（Agincourt）战役中大败实力雄厚的法军。

伟大的亚历山大号称是历史上最成功的征服者之一，相关的记录说明了他当时是如何和士兵们一起在壕沟中出生入死。因此，他的希腊军队在战斗过程中都展现出高度的忠诚与热情，以保护他们的战斗之王。

上面这些众所皆知的领导人，运用他们强有力的行动来激励追随者。而懂得展现这类领导风格的业务经理，一定能让下属达到非凡的成就，自己也因此享有长久的成功。

第 1 章　以身作则

> 勤勉比天分更重要。
>
> ——沃尔特·李普曼（Walter Lippman），专栏作家，民意研究泰斗

业务经理能够以身作则来领导团队。美国密苏里州以凡事讲求“眼见为凭”（“show me” state）而闻名，面对面销售则是一门“眼见为凭”的事业。以身作则适用于任何一种行业，特别是在销售业，老板的态度与行动在管理业务员中至关重要。业务员在完成第一笔交易之前，都算是处于失业状态，他们随时都有辞职的自由。在我年轻的时候，我在办公桌上摆了一个小牌子给所有的业务员看“老板的速度就是团队的速度”。这提醒我自己——同时也让团队知道——我做了什么比说了什么还要重要，后来我很快就看到以身作则的好处：

> 在新业务经理的训练课程中，我最强调的一点就是：永不间断地销售。从他们点头表示同意及努力做笔记的态度，显然我已经成功说服了所有在场的人拥抱这个理念。我相当佩服自己把这件事情做得这么棒，心里也跟着虚荣起来。正当我为此沾沾自喜的时候，珍提出一个问题，让我自以为是的白日梦当场幻灭：“到底要到什么时候我们才可以停止销售，而只要专注于管理业务员的事务？”
>
> 这个问题一下子就戳破了我得意洋洋的幻想，令我相当恼怒。如果是以前，我可能会对她怒吼：“过去这一个小时你的耳朵跑到哪里去了？你到底明不明白我刚刚在说什么？”

不过，那时候我已经学会冷静、微笑和有耐性，因为我了解到珍——以及很多位其他的业务经理——并没有真正明白我的意思。珍刚刚升官，她并不是特例，而是我所见过、典型的新业务经理。在我所有的演说过程中，她一直把焦点锁定在她想要听到的答案上："什么时候可以专注于管理，而把销售的事情统统交给业务员？"

我试着以不同的方式来说明重点。"珍，等到你手下有50名到100名业务员需要管理，让你忙到没有时间进行个人销售的时候，这个角色就可以交由手下几名业务经理去做。只可惜，部分业务经理永远都无法到达这个时间点，因为他们太快就停止销售了。"

你可以依照自己的时间安排销售拜访的频率。当然，你不必是整个团队中业绩最好的一位（虽然这样会有好处），但是你必须一直涉入销售的事务，直到你手下有足够的业务经理去做这件事情。要成功，你就必须努力模仿动作片中所有让人崇拜的英雄人物：亲自冲锋陷阵。

通过持续销售，你不仅可以维持高收入，还能为整个团队树立积极的典范。作为一名业务经理，你所传递的信息应当是：销售是一种职责。有些业务经理的销售之道是用嘴巴说，有些则是亲自去执行。你认为哪一种类型的领导效能比较高？

我的销售业绩高峰出现在我成为一名业务经理之后。那时我感受到一种个人与工作上的压力，因此，要求自己必须维持高销售水平。为什么？或许是我对自己的领导能力感到怀疑，但对于以身作则这一点却深具信心。事实证明，这个方法果然奏效。

直销业的业务员都是独立作业；愿意投入销售现场的业务经理不是看着别人，就是别人看着他进行销售演示。而不常从事销售或不和他的业务员一起去销售的业务经理，常常会成为业务人员成长及业务员留存下来的阻碍。

个人的销售甚至还可以作为训练及招聘新人的好办法。我曾经多次独自一人进入全新的市场，在这种情况下，我势必得招聘及训练一个销售团队，因为一切都要从零开始。如果当时我把时间全都投在课堂上训练新人而不去拜访客户的话，财务一定会出问题。如果把训练的场地搬到销售现场，所有的问题都迎刃而解了。在两个销售拜访之间或午餐时间，我就利用机会向受训者说明如何处理销售当中的文书工作，例如怎么填写销售契约及其他表格。在下一章里，我会告诉大家最棒的现场训练与实战演练。

没有任何一堂教室模拟课会比现场的销售更逼真，也没有任何一场虚拟实境的表演可以让业务员真正感受到对着一名潜在客户销售的气氛与状况。

现场训练的好处还包括：

- 兼顾销售与训练。
- 销售时间增加，因此提高了个人收入。
- 避免因为“照顾组织”的压力太大，就理所当然地把“太忙”当成不去销售的借口。
- 传达出你相当重视和团队一起销售的有力信息。
- 证明你真的相信公司产品的价值与可销售性。
- 建立你带头执行的领导风格。
- 维持自己作为业界最能干的直销商之一。
- 持续销售的习惯。

绝大多数的业务经理都有获得权力后业绩陡然下滑的体验，其佣金与红利收入大幅缩水，远低于过去的所得。如果是持续进行销售的业务经理，其收入降低的程度就不会如同完全不销售的人那么严重。同时，如果有必要，这些人可以较容易地增加销售时间。失去销售习惯的业务经理会发现，要“重操旧业”是一件相当困难的事情。

我曾经看过一名原本大有前途的业务经理，他的管理生涯在心碎与经济不景气下告终，原因就在于：即使他曾是顶尖业务员，后来却因为无法克服被拒绝的恐惧，所以再也没有回到销售现场。

一旦一名业务员停止销售，就等于是宣告他已走过销售管理高峰，即将开始走下坡路。这种情况还会产生连锁效应——较低层级的业务经理会有样学样：“既然我的老板都不去跑业务，那么我逃避个一两天应该无妨。”记住，老板的速度就是团队的速度。

当然，许多销售管理任务无法在跑业务的过程中实现，然而，身为业务经理，仍需把个人销售视为优先活动。在安排每个星期的行程表时，有效率的业务经理会先排定销售时间，然后——一定是然后——才开始考虑其他的销售管理活动。

业务经理必须关心组织问题，但绝对不能因为太忙而无法向团队示范如何进行拜访赚取业绩。这么做可以向团队传递一个清楚的信息：你很在乎他们。你的手下会想：老板为了我们离开他舒舒服服的办公室，帮助我们学习如何拿到更多的订单。任何一名业务经理都可以大肆宣扬独家的销售方法、成交技巧及市场潜力，但伟大的经理人则是以身作则来教导手下的业务人员。

自我评估

- 当你和业务代表一起去拜访客户时会发生什么事？是好事还是坏事？
- 你认为业务经理进行个人销售的三个主要好处是什么？
- 你是否能说出一名业务经理不销售的三个好处？
- 你认为是维持目前销售拜访的时间总量，还是花更多时间和顾客交谈，更能提升你的业绩？

记住，伟大的业务经理绝对不会忘记自己的首要任务：业务经理个人销售。

若要维持优异的销售技巧，我们向你推荐下列书籍：

- *The Sales Bible* by Jeffrey Gitomer
- *Low Profile Selling* by Tom Hopkins
- *How to Sell Anything to Anybody* by Joe Girard
- *Henry V* by William Shakespeare

第 2 章　一流的销售现场训练

> 领导人要手下跟随他，绝对不是靠一味地叫嚣，或是大言不惭地说："我就是比你们聪明，地位比你们高，凡事比你们强。所以，我是你们的领导人。"人们之所以愿意跟着他，是因为他们想要为他做事，而且信任他。
>
> ——艾森豪威尔（Dwight D. Eisenhower），美国第三十四任总统

没有任何事情可以胜过现场训练，这是千古不变的法则。具临场感的现场训练是让员工面对现实最好的方法，因为这就是实战操练。以下的例子可以充分说明我的意思：

我曾经担任一家以业务经理努力工作而闻名的跨国组织副总裁。公司里每一位业务经理都有一间看起来很整齐的办公室、一位秘书，以及一间装潢精巧的训练教室，但手下都只有几名业务员。每隔两个星期，经理就要进行一次招聘与训练新员工的活动，因此，训练教室一个星期有 5 天都处于使用状态，好让经理训练新人熟记销售指南。但是这群业务新兵没有受过销售现场训练，因此实际去执行的成功率都不太乐观。这些业务经理的确相当卖力地工作，但却几乎都濒临破产，原因在于他们完全没有自己的销售业绩，同时业务员又销售不佳，让他们无法从中获取任何佣金。

面对这一窘境，我们决定实行大幅度的改革。首先，我们撤掉了所有的训练教室，要求业务经理确认所有的业务员都已经看过 7 次经

理的销售现场演示。结果产生了戏剧性的转变。原本即将离职的业务经理开始因为个人销售而获利，新员工也因为目睹销售过程而大受激励。受训员工只要坐在那儿观察销售演示，常常就可以学到如何销售。很快，每一位业务经理都建立起了坚强的销售团队，没有任何一个人必须被迫“退休”。

销售现场训练（或者是说辅导）必须是不间断且多变化的，而所谓的变化就是指针对不同销售经验者的辅导类型。

新聘人员

我们先从新聘人员开始说明。这些人非常需要亲身体验现场的销售实况，他们是观察别人而不是被观察的对象。新业务员在有合格的表现之前，大约需要观察 5 ~7 次的现场销售。

为什么是 5 ~7 次而不是一两次？我们可以做个小实验来说明这一点。现在先把场景从观察销售现场转移到电影院。

第一次看电影的时候，我们的目光紧盯着银幕，沉浸在故事情节中。这时候我们的脑袋处于观察模式，只能够用耳朵听、用眼睛看，思考却是分离的，不会去分析演员演技如何，特效有多神奇，或是导演如何让我们达到情绪高涨，等等。从这一次的体验可以发现：我们会忘记自己。等到第二次观看同一部电影时，我们会开始注意到一些第一次忽略掉的对话与场景，并且预期某些较为戏剧性的情节出现。

再看第三次时，我们就能开始思考一些关于导演的问题：了解为什么某些场景要用某种镜头，或是去推测导演运用什么样的镜头以达到特别的效果。这时候，我们已经从纯粹的观察进入研究与学习模式。

新业务员的经验也是如此。这些新人通常都会同意他们对于第一次销售演示的印象最深刻，有一些人甚至会在当时认为自己一辈子都不可能达到这种水准。不过，到了第三次销售拜访观察的时候，绝大部分的人会开始分析销售演示的内容与过程，并从中学会销售技巧，同时，他们也逐渐对销售有一点儿概念，例如需求的故事及主动成交。

到了第五次或第七次，你的受训人员开始觉得有一点无聊和焦虑，甚至有人会要求下一次由他来进行，而不只是在一旁观察销售演示。当新人说“教练，交给我试试看吧”的时候，表示你已经成功地通过销售现场训练出一名充满光明未来的业务新兵。

尽可能让受训人员有机会观察不同业务员与经理的销售演示，这种多重性的好处包括：

- **让你的新聘人员成为“销售家族”的一分子**。两个人通过共事可以建立起不错的关系，这么一来，新聘人员就不会觉得自己只是一个编号，而是团队中的成员。
- **减轻新聘人员面对新工作可能会有的恐惧**。你的新聘人员可能会怀疑：“我现在进入的究竟是一个怎样的环境?”通过销售现场的观察，他们能够充分认识工作的实际情况。然而，这么做还是无法完全获得他们的信任，如果其他的销售团队成员也一起加入现场训练，就能进一步提升信任指数。
- **提升担任现场销售示范者的销售表现**。没有任何方式比现场观众更能激励演说者的热诚。
- **加强同行销售**。进行的销售现场训练越多，就越容易养成两个人一起去拜访潜在客户的习惯。
- **增加训练人员的收入**。在你指派下进行现场销售示范的训练人员就没有任何不去销售的借口了。
- **更快培训出经理**。这种所有业务员同时都是现场训练人员的办公室文化，等于是让大家都养成了辅导新人的习惯，而且每一个人都可以成为经理!
- **建立信任**。要求你的业务代表或低层经理到销售现场训练新聘人员，也就代表你相信他们可以在受训者面前进行很好的示范。
- **鼓励积极的态度**。大多数的人都会在刚认识的人面前展现自己最好的一面，通常也会呈现最积极的态度。我们越常这么做，态度就会变得越积极。

不要假设每个人都能理解自己在现场训练中的角色。在你的受训人员要进行第一次现场观察之前，花5分钟进行出发前教育。这段时间的沟通相当重要，因为这可以确保你的训练讲师和受训新人彼此都有最好的收获。建议使用下列三个步骤作为出发前培训的标准流程：

- 要求你的受训新人在观察现场销售的过程中保持沉默。
- 告知受训新人要把销售当成一出戏，戏中会有不同的幕次：第一幕是暖场，第二幕是需求故事，等等。
- 协助受训新人尝试预期顾客在面对业务员提出刺探性、尝试性成交问题时会有什么反应。

在完成现场训练课程之后，要求受训新人说出他们的观察重点，这么做能够强化他们刚刚学到的知识。比如说，你可以询问他们下列问题：

- 你从这一场销售演示中学到了什么？
- 你有没有注意到我提出了多少个问题？
- 你是否记得我在要求对方写订单的时候说了什么？
- 当我在讲需求故事时，顾客的态度和肢体语言有什么变化？

一场失败的销售通常能比成功的销售提供更多的学习经验，因为训练讲师得用上一整套的成交与克服障碍技巧。

新人与两天空白法则

接下来，在新人完成受训并成为正式的业务员之后，还需要现场训练吗？试想这样的场景：新人A拿到一张订单，新人B跑了两天却一事无成。我们可以打赌隔天谁带着订单回公司的几率比较高，你要赌A还是B？一般情况下，业务员如果一整天都没有拿到订单，隔天的沮丧指数就会升高，接踵而来的怀疑与持续的销售失利，更会让他的情绪跌到谷底。

一旦发觉这种现象，我就会应用两天空白法则：如果一名业务新人接连两天一张订单也没有，隔天就要给这名新人更多的现场训练。

我使用这个办法已经长达10年。或许在你确认持续失败的几率已经大过成功之前，你已经连续三四次销售失利，但无论你的临界点设在哪里，现场训练都是最好的解救方案。你不可能叫业务员自己走出低潮，相反，你应该设定标准，让他们重新回到现场训练充电。

训练资深业务员

你的老将对于现场训练的需求程度并不在新人之下，但频率可以低一点。当然，训练方法也应视他们的经验、问题的特殊性而有所差异。总之，最重要的是要让每个人都知道：经常的现场训练是管理哲学的一部分。这么一来，你的下属就会明白有机会跟着老板工作一天是一件相当正面的事。

对新人来说，现场训练最好是以观察的形式来进行，但如果是资深业务，就同时需要观察与被观察的经验，因为资深业务员需要有人评估他的销售实务，然后告诉他优缺点是什么。别忘了，就算是棒球好手贝瑞·邦兹（Barry Bonds）也需要打击训练来确认他的挥棒与姿势。以下是当你扮演观察角色时的训练原则：

- 每个人都知道他在协同销售拜访中的角色。虽然你是观察者，你会不会在订单成交时介入？如果这么做的话，是在什么情况下？要打什么暗号才能让这种角色的转换平稳而自然？
- 在销售结束后，利用“赞美—辅导—赞美”的方式来进行回顾。首先你要说一些赞美的话来建立业务员的自信心，然后分析他需要改进的销售过程，最后，再提出一些对方值得称许的优点。
- 在进行讨论的时候，不妨从业务员的自我分析开始。务必确实做好聆听的工作，自我批判总是比直接听取你的批评更轻松一些。

你可以采用一些问题来引导讨论，例如“你对于我们今天的拜访有什么评价?”“你是否觉得哪些地方需要改进?”

- 因材施教，不同类型的人需要不同的方法。你的讨论风格应该考虑业务员的人格特质，而不是你自己的。
- 将讨论重点锁定在有助于对方表现的技术问题上，而不是这个人本身的问题上。
- 反馈过程越简短效果反而越好。
- 在评论将近尾声时，询问对方：“下一次遇到同样的情况，你会怎么解决?”
- 永远以正面的话题来结束训练课程，例如销售竞赛奖金、下一次的训练安排、全新的每月特惠，等等。

不管你的销售伙伴处于什么事业阶段，现场训练的好处都不只是销售技巧的提升。试想，一名经理和一名受训人员同行前去销售拜访，路上的交通时间绝对多于花在销售现场的时间，而你就可以利用往返的交通时间来提高现场训练的效果。你可以：

- **强化圆梦计划**。大多数的业务经理都会举办设定目标的研讨会，但是一对一的个人目标讨论，绝对远比对着一屋子的人演讲更有效。所以不妨好好利用这段两人独处的时间，聊一聊员工的个人生涯目标。
- **解决冲突问题**。你必须找到恰当的时间解决每个办公室都会面临的棘手问题：人际关系。这段交通时间恰好让你有机会听听当事人之一发发牢骚，同时也让你可以在进行调解之前仔细聆听他的心声。
- **立即进行成交技巧诊断**。在销售拜访一结束就即时深入分析业务代表的成交技巧，这么做通常会比隔天才在业务会议上进行讨论更有效。

只要你表现得像个教练，并且通过现场训练提供具有建设性的支持，一定会产生好的结果。你的业务代表会期待有机会和你一起工作，因为他们希望自己的自信心、能力与收入各方面都可以不断提升，他们知道你的工作就是让他们变成英雄。

过去几年，我参加过几次关于“执行及观看”的现场辩论。业务经理是否应该进行销售示范以供业务员在旁观看及学习销售实务，还是业务经理应该花更多时间观察业务员的演示，结束后进行讨论以协助对方修正错误？哪一种比较好？这些论辩的核心是两个基本的共识：

- 观察与被观察各有其重要性与优点。
- 如果业务经理花更多时间在现场进行两者之一的活动，那么，大多数业务员的业绩都会增加，同时流动率也会降低。

没有任何业务管理活动可以像现场训练或辅导这么有效地提升业绩。业务员在这个过程中奠定提高销售能力的基础，同时学会如何销售。现在，你一直在学习如何把管理做得更好，但别忘了，现场训练是让业务员从一开始就能有好表现的关键。

自我评估

- 你对新人及资深业务员的现场训练策略是什么？
- 在你的业务伙伴有了实际的销售经验之后，你如何调整自己的辅导技巧？
- 你的策略对于你自己及团队成员来说是否相当明确？
- 你的业务员是否把跟你一起进行销售拜访当成一件乐事？
- 在看过团队成员的现场销售演示后，你如何进行总结工作？
- 你想要改进现场训练过程中的哪些地方？
- 如果你每星期花一天以上的时间和业务员一起进行现场销售的话，对于你的业务团队会有什么影响？

以下是关于良好训练的进阶阅读建议：

- *Sales Coaching*：*Making the Great Leap from Sales Manager to Sales Coach* by Linda Richardson
- *Selling to Managing* by Ronald Brown

第二项关键行动

开发客户

在这个行业里，除非你可以展现销售技巧，开发更多潜在客户，否则团队业绩向上突破的梦想不可能实现。开发客户对于成功销售至为关键，本书将利用五章的篇幅来帮大家做好这件事。

这一关键行动可以帮助你完成两件事情：

- 首先，你可能会因为“市场无法容纳这么多业务员”的顾虑，而认为不应该再招聘新人。这样的想法将不复存在。
- 其次，这项行动可以向你及业务人员提供一套完整的客户开发工具，协助你倍增提供给业务代表的业务线索数量。

第3章　掌握无所不在的市场

> 如果你想维持自己的优越地位，就必须每十年改变一次策略。
>
> ——拿破仑（Napoleon Bonaparte）

要做到成功的业务管理，最基本的一件事就是找到顾客。潜在市场通常远比大多数业务经理所想像的大，如果你认同并相信你的团队可以拥有比现在更多的成员，那么招聘、训练与激励更多业务代表就会容易一些。

所谓的开发客户就是找到愿意给你时间（通常只要15～45秒），听你说定约谈话的第一部分内容，而且听完没有立刻走掉的人。在第一次接触成功之后，你需要2～4分钟和他约定销售谈话的约会。你不妨先听听以下这则故事，它可以让你确信：市场通常比一般人所认为的还要大。我相信，当你发现原来在你的市场中还有这么多潜在客户时，你所受到的冲击将更大。如果你不是那么确定的话，跑一趟当地的会议厅或图书馆，在那里找一些资料一定足以证明“你的市场相当大”这一点。利用Google也可以找到类似的信息。

当我第一次谈到“流动厕所”“三明治”以及“市场绝对比你所见到的还要大得多”这个观点的时候，是在1993年的中国台北办公室。尽管当时业绩持续上扬，并且成功跨越单月500张订单的门槛，但我们一直不敢对市场过度乐观，直到我们的营销经理从政府单位拿来一些人口资料，数据告诉大家：中国台湾地区至少有120万个家庭有一个0～3岁的小孩，而这些父母就是我们的潜在市场。

将这个发现告诉鲍勃，他是个很好的业务经理，但却是个怀疑论者。

我向他："鲍勃，你同意这120万个家庭是我们的潜在客户吗?"鲍勃表示同意。

我接着说："我有个好消息要告诉你，这120万个家庭已经接受了我的邀请，下个礼拜天要到你家聆听你的解说。每一个家庭都同意参加这场45分钟的销售说明。你可能得打电话给你太太，请她帮忙准备三明治。噢，还有，记得预定一些流动厕所。"

"此外，如果你有机会向这120万个家庭进行一对一销售，你认为自己可以和多大比例的家庭完成交易?"鲍勃思索片刻后回答："至少10%。"之后我对办公室每一个人都提出相同的问题，回答从最低的5%到最高的33%都有。最后，我问大家："既然如此，如果我说我们可以卖给所有潜在客户当中的1%，大家应该没有异议吧?"当然，没有人反对，这时大家忽然发现，这个数值等于是我们现有营业额的两倍之多。

我提出结论："所以，问题出在哪里呢?"经理们立刻建议多聘用一些业务员，同时利用更多元的开发工具，找到更多可以接触的客户。我们照着这些办法去做，3年后，我们取得了一年2万张订单的成绩，业绩提高了3倍之多。

"无时无刻无所不在的市场"是个相当简单的概念，但却吓倒很多人。

每一家公司在开发客户上至少都有一种有威力的方法，否则无法在业界存活。你必须增加开发顾客的方式，才能提升销售额。你可能会认为："这个分析未免太简单了。"但正如同《谈话高手》（*Tongue Fu*）的作者山姆·霍恩（Sam Horn）所说的："有些事情虽然是常识，但不表示大家都做得很好。"

"无时无刻无所不在的市场"是一项令人生畏的挑战，业务经理必须跳出舒适圈（comfort zone），挖掘与使用更多发展业务线索的方式。

我已经在12个国家与20个以上的业务团队进行过这类对话，其过程看似容易，但其实不然，因为这需要改变原有的心态。我们之所以需要更多不同的开发客户方法来产生更多的订单，是因为没有单一方法可以将各种不同的潜在客户一网打尽。既然如此，你何必把自己局限在一种开发方式中呢？为何不向外扩张呢？

试想把两个漏斗并在一块儿，漏斗口朝向同一个容器中。一个漏斗里有潜在客户，另外一个则是业务代表。当两个合在一起的时候，你就可以拿到订单。因此，漏斗越大，你的订单就越多。道理就是这么简单，增加销售业绩不过就是扩大两个漏斗后再把它们结合在一起的过程：雇用越多业务员，就可以销售给越多的客户。当然，一切得从“更多潜在客户”的漏斗做起。首先，把焦点锁定在潜在客户上。聚焦于潜在客户可以让业务经理有自信去克服达到成功的最大阻碍——所谓的成功是指业务人员逼近潜在客户的最乐观数目——不再忧心“我再也无法聘用任何业务员，业务人员的扩充已经遭遇历史上的最大瓶颈”。这种非理性同时合理化自己过失的想法，扼杀了业务经理聘用更多业务员的热诚。

要展现更多元与复杂的开发行动，需要全新的营销观念、精心的安排、训练更好的人员，以及更重要的：开放的态度。

公司的潜在客户开发系统可以从资本密集或劳动密集两方面来讨论。资本密集的一端，由公司协助业务员排定约会，业务员则以接受较低佣金或是付费方式来补偿公司。也就是说，在资本密集的系统中，公司负责提供业务线索，尽管业务员还是得自己去追线索，但至少可以把大部分时间花在销售而非开发客户上。

相反，如果是劳动密集系统，业务员则需挨家挨户拜访、进行电话营销或设摊销售，因为开发客户的工作落在业务员身上。

一般而言，经验越丰富、专业程度越高的业务员越可能利用资本密集的开发系统，而资历较浅与经验相对不足的业务员，则倾向于以劳动密集的方式来开发客户。既然大部分直销公司的业务人员多半具有各种销售经验，因此应该尽可能广泛利用各种开发系统，以提升业绩。

只要业务经理懂得10种以上的开发方式，他就可以按照每位业务员在能力、性格、事业阶段与优缺点上的差异，至少教会对方 3 种工具。我将在接下来的章节中深入介绍这些工具。

传统推销术（第 4 章）

1. 挨家挨户拜访
2. 电话约会

提供高品质的业务线索（第 5 章）

1. 全国性杂志广告
2. 电视线索回应
3. 直销邮件回函
4. 与第三方合作的业务线索计划
5. 网站线索

寻找线索（第 6 章）

1. 安排聚会
2. 免费取阅架
3. 折价券
4. 名片缸
5. 传单
6. 办公室营销
7. 吊架
8. 报纸插页
9. 地方性刊物
10. 与当地第三方的合作计划
11. 装袋
12. 地方性邮件
13. 研讨会
14. 推荐

15. 摊位销售

提升展示会销售（第 7 章）

1. 展示会
2. 购物中心
3. 全国性百货公司
4. 地方性百货公司
5. 三口苹果的好滋味
   ◎ 取得名片
   ◎ 预约销售约会
   ◎ 在关键点上完成交易

各种业务线索开发计划的分类都有可以讨论与争议的地方，领悟力强的读者可以自行将不同的方式重新组合安排。部分集中在国内总公司的业务线索开发方式，其实也可以授权给区域或地方性业务单位，最重要的是你可以尽可能接触到各式各样的线索开发方法。

有时候在结合各种开发方法的过程中可能会造成盈余下滑，这时，部分业务经理与公司就会以此为由，反对使用过多的开发技巧。他们认为每一种新开发方法只会增加支出，更何况新方法所接触到的客户很多都是以前用其他方式接触过的（而且也不成功）。

乍听之下，反对采用更多或是不同开发方式的理由似乎相当合理，但事实上是漏洞百出。首先，这个说法认为当前所使用的才是最具效益的开发方式，然而这却未必是事实。在公司发展的某个阶段中极为有效的开发方法，可能因为时空背景的转变而失去效力，而未曾被采用过的开发系统却可能是当时最符合成本收益的选择。因此，不断尝试新的开发方式才能确保公司的未来。

你使用的开发方式越多，你的公司与产品在市场上的知名度就会越高，而开发成功与否的关键之一就在于品牌的知名度。既然消费大众普遍喜欢购买自己知道的品牌，那么，你通过各种开发计划建立起来的品牌知名度越高，潜在客户就越愿意和你及你的公司打交道。

有些潜在客户需要你以不同的方式一而再、再而三地接触，才愿意和你定下约会或是达成交易。在说服客户填写订单的过程中，第一次尝试成交的失败常常只是为了引起对方的注意，有些客户就是特别需要你长期不断地提醒他来注意你。除此之外，环境的变化也可能改变潜在客户的需求与购买意愿，举例来说，新工作或家庭中的生老病死，都可能改变他在下一次约会中的态度。

潜在客户的人格特质及其经历五花八门，有些人一定要当场看到商品才会放心购买，有些人则是喜欢舒舒服服地坐在家里看广告传单。另外，有些人会因为小赠品而心动，而且，这些人对于相同刺激的反应并非一成不变，甚至可能每日一变。还有些潜在客户会在阅读报纸与杂志后，主动寄回业务线索。也有一些人可以接受广告传单，但就是无法忍受广告信件的骚扰。最后，你可能以为很多人会去公司摊位所在的购物中心或展示会，但事实上，不会去的人占了绝大多数。所以，不可能单凭一种或两种神奇的开发法宝，就可以接触到“无时无刻无所不在的市场”。

潜在客户通过越多的渠道听到你的产品与服务，就越有可能在潜意识里提高需求，并进一步表现出你和业务员期望的反应。只要你能买下潜在客户珍贵的几秒钟，就可能赚到进行销售演示的许可证。在接下来的章节中，我们会一一讨论各种开发客户的方式，协助你找到对自己的业绩最有帮助的途径。

自我评估

“你要的是无时无刻无所不在的市场，还是只要部分时间的部分市场?”在我们进入后面的章节前，你应该先反思目前使用的开发方式，想想以下问题：

- 你现在可以有效发挥作用的客户开发方式有几种?
- 你的市场中有几种潜在客户类型?
- 你的市场穿透力每年可以达到多少百分比?

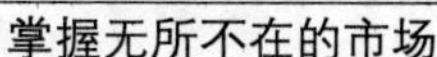

我们推荐下列书籍给有意进一步钻研营销的伙伴：

- *Principles of Marketing* by Philip Kotler and Gary Armstrong
- *Mastering Marketing*, a compendium from the *Financial Times*

第4章 传统推销术

> 我自认是个政治嗅觉相当敏锐的人，但单凭与生俱来的直觉是不够的，你还必须结合这样的天分与认真努力工作才行；不过，天分是求之不得的，要想实现梦想，努力工作才是务实之道。
>
> ——撒切尔夫人（Margaret Thatcher），前英国首相

无论你或是公司在开发业务线索及获得引荐上有多成功，要将触角扩展到整个市场，一定要进行冷拜访（cold calling，和陌生潜在客户的第一次拜访接触）。这种时候，我们经常会遇到一些根本不来为你开门的潜在客户。

除了进行冷拜访外，接触潜在客户的方式还有许多种。不过，无论其他办法有多好，冷拜访还是有它不可取代的地位，例如，冷拜访可以平衡线索的高峰与低潮，可以拿到最低成本的订单。但是，如果长期依赖冷拜访，形势可能会变得令人沮丧。正是以下这个顿悟缩减了我的冷拜访时间，增加了我的销售和帮助新业务员的时间。

1970年春天，我在葛罗里（Grolier）百科全书事业部进行挨家挨户的销售拜访。我热爱销售，但痛恨被拒绝的感觉。

某天中午，赖瑞和我一起吃饭，当我吞下一块草莓派时，赖瑞随口问道："你用过猎犬系统吗？"

"那是什么玩意儿？"我不解地问。

赖瑞说他已经厌倦一天到晚敲人家的门，所以他给新人的训练计

划特别强调：如何让潜在客户开门，外加一小段产品说明。赖瑞说："我受够了，所以我决定让受训新人把我定位为负责产品介绍的人。我每到一个地方就请两到三位受训新人下车，然后把车停好，坐在里面等着他们当中的一人要我去跟某一个正在等候的家庭进行销售演示。"

我怎么没想过这个好主意？我立刻决定从善如流。过去我可能一年完成100张订单，但从那之后，我可以提高到一年300张订单。我非常感谢赖瑞教会了我这个一石二鸟的好办法，一来可以强化新人的训练，二来可以增加自己对潜在客户进行销售演示的机会，更重要的是，我从此避开了大部分被拒绝的过程。真是个好主意！

挨家挨户

面对面销售正在日渐复苏。根据2003年珍·史宾塞（Jane Spenser）在《华尔街日报》（*Wall Street Journal*）的文章中指出：

> 目前有12家公司——包括AT&T及其区域事业单位——正派遣大批面对面销售业务员外出推销公司的服务项目，包括电话、有线电视及天然气，等等。美国最大的有线电视业者Comcast去年也通过挨家挨户拜访的"赢回来"计划，增加了4万户使用者，其中多数是从竞争对手DirecTV那儿拉回来的顾客。

类似的情况不止于此，《财富》杂志在《11位世界级企业家》的系列报道中，称呼达利·哈姆斯（Daryl Harms）为"挨家挨户拜访的百万富豪"。哈姆从"对准街区中天线最高的房子开始拜访，然后一个街区接着一个街区"，建立起他庞大的电视王国。

自从"谢绝来电"（Do Not Call）法令生效后，数百万人进行设定以防堵电话营销，许多电话营销公司因此转型加入面对面销售的行列，这也是为什么近几年直销事业蓬勃发展的主要原因之一。

对许多公司来说，挨家挨户销售是最受欢迎的开发客户方式，所以多年来以佣金计酬的直销业也被称为“挨家挨户事业”，而联邦快递（FedEx）或施乐（Xerox）这一类的品牌名称则成了动词。但具有讽刺意味的是，很多“挨家挨户公司”根本没有任何业务员进行挨家挨户的销售拜访。

挨家挨户的销售被过度滥用，导致很多被激怒的住户对前来拜访的业务员采取抵制的态度，许多城镇甚至通过法令限制挨家挨户拜访销售，聪明的业务经理面对这一困境当然会转换开发客户的技巧。那些坚持专注于敲门推销的公司已经逐渐遭到淘汰。你可能会觉得矛盾：这明明意味着挨家挨户拜访的事业已经趋于萧条，但我却在前文说它日渐复苏？事实是，当过多业务员在同一个地区进行过多的直销后，便会催生出新一代的挨家挨户销售形式，而眼前正是利用这个低成本开发客户技巧的成熟时机。

以下是5个在挨家挨户销售中致胜的关键：

1. **记录整个邻里的状况。**随身携带一张卡片或小册子记录什么人住在哪一户等相关资料。根据信箱资料或门牌号码记录住户的名字，并在卡片上以简单的编码代表重要信息，如“夫妻只会于周末同时在家”或“已经接触过住户”等。通过这种方法，你可以轮流安排业务员到同一家庭拜访，无须担心重复打扰同一位潜在客户，而且，你还可以确保自己是第一个去拜访新迁入住户的业务员。
2. **白天定约会，晚上写订单。**多利用白天进行拜访及预定销售约会，因为这时候人们比较愿意和陌生人交谈；销售演示则尽可能安排在傍晚或晚上。现在有越来越多的上班族白天也会在家，他们可能是自由职业者、电子通勤族（telecommuting，亦称远距离工作者）或上晚班的人。
3. **提供小赠品。**送对方一个小礼物以获取一次销售约会的机会。当潜在客户发现自己可以获得一个免费礼物时，接受销售约会的意愿通常会比较高。比如说：

   ◎ 家庭维修——免费检查能源设备。

◎ 水质净化——免费水质检测。

◎ 教育商品——免费的儿童评量试卷。

◎ 健身中心——免费试用。

当然，你的礼物必须和你所销售的产品或服务有相关性，免费的电影票、免费的餐券或是其他不相干的赠品听起来似乎不错，但如果你赠送的礼物和产品或服务没有关系，你很可能只是获得一个对你的产品没兴趣或没有需求的销售约会。

4. 利用新业务员来定约会。教导新人如何在受训的第一周就能定下约会。先让受训新人学习简短的预订约会方法，毕竟销售演示对他们来说负担还太大；此外，定约技巧也比完成交易的技巧容易掌握。当受训新人预定的约会最后成为订单时，你可以提供“受训定约奖金”，他们会因此感到振奋。这么一来，你不只是建立了一套低成本的定约系统，同时也向新人提供了学习的良机。我们在第 10 章会有更多这方面的相关信息。

5. 雇用挨家挨户定约小帮手。对于电话营销的抵抗、新法律的限制、电话过滤器等，使得挨家挨户的拜访成为一项考验。

另外还有一种由挨家挨户销售演变而来的手法，我们称之为“碰碰乐”（jumping in），这是一种业务员在公共场所接触潜在客户的方式。你可以派出几位业务员在公开场合驻守，看到适当的潜在客户就上前要求对方填写问卷，并说明填完问卷即可获得一份免费礼物，然后，再伺机邀请对方到附近的办公室或咖啡厅进行销售演示。

电话约会

冷拜访经常用于追踪业务线索。所谓的“冷拜访”是指通过线索资料库，或是销售摊位上填写的资料卡及其他接触方式得来的线索，直接去接触一名非自愿人选。你的电话对那些购买来的名册，或是任何一本电话簿里的人来说，并不是件令人愉快的事。

不过，不要灰心，以下建议可以提高你电话拜访的成功率：

- **事先熟记销售指南**。记住，有销售指南总比没有好。
- **举办一场电话拜访聚会**。冷拜访的拒绝率相当高，如果办场聚会让大家一起打电话，一来可以确保大家都进行了电话拜访，二来可以相互鼓励。
- **增加电话拜访聚会的趣味性**。每当有人成功时，就按一下铃，挥舞一下旗子，如果你有电子计分板的话，也可以传送电子信息。
- **记录业务员和潜在客户接触的时间**。只要你能掌握正确的电话时间长度，就可以节省大家浪费在“可疑分子”身上的时间。
- **准备奖品**。邀请参加聚会者先把成功定约的奖品装进信封，然后把它贴在墙上。信封里装的可以是1美元，或是麦当劳的折价券，但也要穿插一些贵重礼品，这可以为大家带来惊喜。
- **拨打周日晚间电话**。要找到前一次打电话时错过的潜在客户，最佳的时间点是在星期日晚上6点到9点之间。你可以一个月举办一次周日电话拜访聚会，保证可以促成一次销售高峰。周日晚上同时也是业务伙伴们最不喜欢工作的时间，你可以尝试把这一用来销售的时间和销售竞赛结合起来，或是举办活动鼓励大家进行周日拜访。
- **录下业务员的电话拜访**。让他们听听自己的定约谈话，好让他们在你进行评估与提供建议之前，先进行自我分析。
- **和业务员一起工作**。身为业务经理却愿意亲身挑战电话拜访，没有什么比这更能激励业务员的了。
- **提供礼物**。提供和你所销售的产品或服务相关的礼物以换取销售约会的机会。
- **利用微笑**。在桌上摆放一面镜子，让业务员可以随时看一看自己的微笑，音调也会因为微笑而更迷人。
- **供应点心与饮料**。提供食物可以提高出席率，并且让气氛更为融洽。永远不要错过可以展示自己关心同事的机会。

挨家挨户拜访与冷拜访在开发客户系统中仍相当有效，你必须尝试去理解每一个“不”所代表的意义，才能进一步克服冷拜访的高失败率所带来的挫折感。每一张订单都有一份价值，每一个拒绝也有其价值，你要把它们当成下一张订单的垫脚石。

通过冷拜访提高销售是一件简单的事：不但接触机会增加，收入也会增加。但在这之前，你必须学习更有效的定约方式，才能增加收入。身为业务经理的你，有责任帮助业务员同时做到这两点。

自我评估

- 你是否能很好地利用这两种相对而言较为省钱的客户开发方式？
- 你的冷拜访有什么需要改进的地方？
- 你采用什么样的特殊训练或管理活动来通过冷拜访提升业绩？

若要改进你的电话销售技巧，建议阅读下列书籍：

- *Cold Calling Techniques*（*That Really Work*!）by Stephan Schiffman
- *Telephone Sales Management and Motivation Made Easy* by Valerie Sloane
- *The Complete Guide to Telemarketing Management* by Joel Linchitz

第 5 章　提供高品质的业务线索

> 要改进就要求变；追求完美就要经常突破。
>
> ——丘吉尔（Winston Churchill），前英国首相

“无时无刻无所不在的市场”说明母公司在创造业务线索的过程中扮演着重要的角色。特定的业务线索生产系统（如杂志）通常可以在一个区域或全国获得很好的效果。全国性的业务线索生产可以建立品牌声誉，这不但可以让招聘业务员的工作更容易，也能协助业务员较容易进行地方性的业务线索生产。

品牌知名度的公司，例如伊莱克斯（Electrolux）、世界图书（World Book）、Nextel 等，都能在广告曝光率、与第三方的合作邮寄活动，以及展示空间等方面取得有利的谈判地位。

尽管这一章是从具有全国销售力的全国性公司角度来写的，但对于一家只有地方性市场的销售单位来说，这些原则一样适用。下面这则故事会告诉我们，通过客户开发活动结果的监测来支持业务员是非常重要的。换言之，重点不在于你产生了多少业务线索，而是这些线索到底产生了多少符合成本效益的订单。

20 世纪 80 年代中期，我因为在全国业务员训练讲师的角色上表现优异而受邀参与一场预算与战略会议。会议开始是回顾上一年业务线索的成果。我发现，报告结果是以公司为单位计算每一张订单的线

索成本是多少，而不是以购买线索的业务员为单位。在会议进行的同时，我很快地计算出对一个业务员来说每一张订单的线索成本。结果是：这个夏季的业务线索计划虽然以相当低廉的成本买进线索，但这些线索成为订单的转换率却相当糟糕。

营销主管解释了公司决策背后的逻辑："我们把业务线索当成整体来思考。而且，夏天刚好是业务线索生产最为困难的时期，若以一年为基础重新计算，业务员还是可以获利的。"以此为思考方向，该公司决定继续实行业务线索生产计划。

但对我而言，这样的计算方式并不合理，这个业务线索生产计划会对每一位业务员造成极大的压力。也因为我的坚持，以后的业务线索规划会议就不再邀请我参与。当时我在心中发誓，一旦握有权力，一定要改变这种思考方式。

15年后，我又遇到了同样的情形，但是在不同的公司。这一回，我已高居新任总裁的位置，而营销经理正在宣扬我在十几年前听到的那段说辞："我们需要实现每年12.5万份业务线索的目标，即使每位业务员的业务线索转换成为订单的平均比率低也无妨，重点是所有业务线索的整体成交率已经令人满意。"

想起我的誓言，我立即回应说："不对，我们应该把钱花在刀刃上。"后来，营销部门把省下来的钱拿来测试新的业务线索生产计划，这种新的业务线索让我们可以较低成本获得较高的转换率。两年之后，它为公司产出35万个可靠的业务线索。

这个经验让我积累了宝贵的经验：如果你愿意和业务团队一起进行头脑风暴式思考，通常可以提出一个对大家都更好的计划。

优秀的全国性业务线索生产计划应该具备的特点包括：清晰的预算、没有免费的业务线索、业务线索结果的试验与测量、最大化业务线索的转换率、可测量的营销奖金标准、信息共享、电视广告，以及与第三方合作产出的业务线索。

以下我们将进一步谈论这些特点。

建立清晰的预算表

一般而言，在直接面对消费者的产业中，企业会以净销售价格的10%作为标准的营销预算。而业务线索成本同时来自于公司及业务员，如果业务员负担了一半的成本，那么公司的净成本就是5%。

索取合理的线索费用

既然业务员是从业务线索中获利最多的人，他们理所当然要负担部分的线索生产成本。如果他们不需要为线索付费，可能会造成以下的结果：

- 业务代表自己去生产线索的意愿低落。
- 生产线索的资金变少，相反，业务员如果为线索付费，就可以增加公司的预算。
- 如果业务经理做的是无本生意，他当然不会精打细算，不会竭尽所能把线索利用到极致。

在考虑如何向业务员收取线索费用时，以下的计算方法可供你参考：

- 分别计算每一线索种类或每一线索来源的成交率，不要把各种线索混为一谈。
- 计算平均每位业务员要完成一笔交易需要购买或租用多少线索。
- 评估每一位业务员在一种线索上可以负担多少钱，最佳原则是把每一种线索的价格控制在所得佣金的25%以下。

多次利用同一线索

这种策略可以增加50%的线索——订单转换率。我曾经在4个国家里

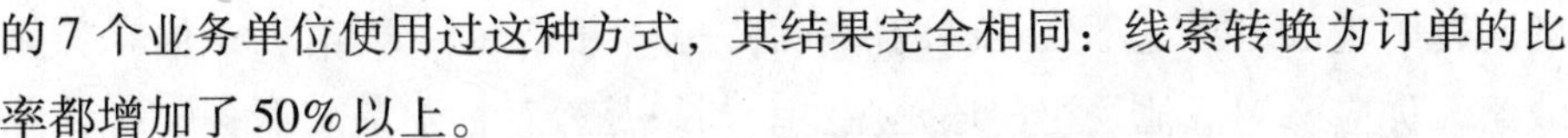

的7个业务单位使用过这种方式，其结果完全相同：线索转换为订单的比率都增加了50%以上。

绝大多数的线索在业务员手中转换为订单的时间大约都在60天左右，我建议你可以给第一位业务员90天的转换时间，如果不成功，再以较低价格将线索分配给另一位业务员。

根据经验，大约有25%的线索无法在90天内被成功地转换为订单（不信的话，你可以随机找出100条线索，看一看这些线索在团队中的转换率大约是多少）。

接着再等3个月，看看第二位业务员的情况如何，如果还是失败，就把这个未转换成功的线索转交到电话拜访聚会中使用。同一条线索可以多次利用，但务必确保中间有足够的间隔时间，以免潜在客户因为密集的拜访而动怒。建立一个"勿再拜访"系统，一旦潜在客户对于你们经常的接触感到不悦，就在资料库中做记号。

因为其他目的使用线索

在邮寄传单时可以再度使用线索。在你寄给潜在客户的线索回函中，一定要询问对方是否同意你将他们的资料用于其他方面使用。只有得到消费者的首肯，你才能把对他们的资料出售给他人使用。大多数消费者的授权都可以让你再一次接触以前跟你接触过的人，这样一来，你就可以在寄送的邮件中同时放入另一家公司的促销文件，并要求这家公司如法炮制，以增加接触潜在客户的机会。

做好完整记录

产生业务线索的方式永远比赚钱的方法多。而想要赚大钱，就要从做好线索记录的工作开始，也就是说，你必须尽可能搜集线索的正确信息。所谓的信息，绝对不只是名字、住址和电话号码而已。搜集信息时还要注意，大多数的人只能容忍两到三个问题，所以你要好好把握机会，问恰当的问题以确认对方是不是正确的潜在客户。举例来说，面对一条居家美化线索，你应该问清他是租户还是屋主。如果是教育性商品与服务，确认儿童的年纪则是首要任务。

在一份线索转换报告中，公司通过成交记录发现，女业务员在各类业务线索成交率上都略领先男性。当我们把这些记录依不同种类进行交叉分析后，发现在孕妇线索方面，女性的成交率是男性的两倍之多。从此，我们不再把这类线索卖给男业务员，这个做法也让大家满意：男业务员很高兴不会再买到昂贵的线索（因为成交率低，所以变得昂贵），女业务员也可以买到更多有助于提升成交率的线索。公司还因此每年多赚进 25 万美元!

再看一个网络线索分配的例子。分析报告显示，部分业务员与业务团队在网络线索的转换率上比平均高出两倍，无论原因是什么，网络线索和其他类型的线索确实大不相同（最令人兴奋的是，网络线索经常来自于那些我们一直接触不到的潜在客户）。同时，我们还发现在销售演示的过程中，会使用电脑的业务员比其他人更习惯于使用电子版的销售契约。当然，现在每一家公司都希望每位业务员在网络线索的销售上能有所成长，但是当记录显示某些人在这一类线索上的表现相当出色时，我们就应该依照这个结果来分配线索。这种做法可以达到双赢局面：营业额每年增加 100 万美元以上，同时也让那些担心买到网络线索的员工不再担惊受怕。

以成交能力来分配线索

分配业务线索的唯一准则是转换率。对于那些具备高转换率的业务员，你可以向他们提供高于平均的线索数量。同时，进行持续训练，并鼓励绩效不佳的业务员自行开发低成本线索，避免他们浪费太多钱在购买公司线索上。关于这一点，我们会在第 6 章提供 12 个可行方案。

尽管知道线索分配应该以转换率为基础，但执行时并不一定能完全依据这一原则。有时候业务经理会想协助新人表现更好，或是将高价线索分配给那些表现不好的业务员，希望借此帮助他们突破困境。遗憾的是，这么做并不会对新的或绩效不佳的人有所帮助，相反，这样的做法可能会导致以下问题：

- 因为将线索从表现优异者手中拿走交给绩效不佳的人，导致团队的销售业绩降低。
- 业务经理在失败的人员离职时，不得不承接他们尚未付清的线索费用。

测试，再测试

对于阅读过一些营销书籍的人来说，这一点完全不新鲜——持续测试什么行得通，什么行不通。部分业务线索的资金可能会从效率最低的1/4人手中，流向效率最高的1/4人手中。了解你的公司正在测试什么，并且让自己保持在线索营销的最前端，成为负责进行试验的人，然后给出测试结果，让整个团队与公司更加理解与妥善利用业务线索营销。

把钱用在刀刃上

很多公司会赞助某些活动提高“企业形象”，花大钱买电视广告以建立品牌知名度，或是支出任何其他的广告费用。花钱当然可以，重点是，这些费用要使用得有代价。所谓的有代价，是指拿到潜在客户送回的线索名片，确实激励了消费者拨打免费电话或以电子邮件提出需求。我曾经参加一场地区性的足球比赛，在这场比赛中，东道主队享有几家企业的赞助金，其中之一是24小时健身中心（24-Hour Fitness Center），它们在花钱赞助的同时，还运用了相当聪明的营销手法，让公司名称不断地在球迷面前曝光：在比赛过程中，健身中心的业务员穿着制服穿梭于球迷之间，发送免费试用一周的邀请函。

在花钱建立企业形象的同时，如果没有事先确定反馈机制，等于只是把钱从线索预算中拿出来，如此一来，不仅可购买的线索数量大减，导致订单总量降低，最后还会减少你所能支持的业务员的数量。反过来说，如果做得好，花这笔钱不只是生产线索，还建立了企业形象与品牌知名度。

以下是5种业务线索产生计划：

1. 全国性杂志广告

如果要花钱做全国性的业务线索计划，杂志可说是最好的选择。潜在客户会主动送上他的名字，并要求获取进一步的信息（通常是为了一份赠品）。回函者其实很清楚，一旦送出自己的名字、住址、电子邮件或电话号码之后，就会有一名业务代表和他们联系。

锁定特定杂志，聚焦于自己的主要顾客群。过去20年来主题杂志的爆炸性成长，意味着你可以轻而易举地将杂志广告送到你的潜在消费者手中。比方说，你可以：

- 在健康类杂志上刊登健身设施广告。
- 在婴儿与母亲类杂志上刊登学龄前儿童教育产品广告。
- 在犯罪故事类杂志刊登保安系统广告。

2. 电视线索回应

把业务线索预算放在符合观众属性、与潜在客户相近的有线电视广告上，并提供免费电话。同样，杂志广告的原则也适用于此。

在不考虑利基营销的原则下，在电视上打广告是一件相当诱人的事，业务员都很喜欢看到公司的商品出现在电视上。但除非你记得附上免费电话，否则买下广告时段的大笔花费，不单是得不到反馈，还因此占用了大笔业务线索预算。你愿意舍弃多少线索来换取通过电视传播带来的高可见度？

在电视上曝光绝对有它无可取代的效果。电视广告可以建立广泛的知名度，提高商品可信度，而这等于是帮业务员做产品宣传。然而，大部分的电视广告都只是在消耗巨额资金，除非你能严格把关。

电视公关又是另一种情况。这是一种让你的产品在电视上出现却不必付费的方法，这种方式所建立的信任度是其他手法望尘莫及的。这几年，我为每一条由我管理的产品线都雇用专人负责这项任务，主要目标就是电视公关。这个人的工作有三个层次：

- 首先，花时间建立并经营与媒体圈内关键人物的关系。
- 其次，和对产品感到满意的客户建立关系。制作顾客经验分享的录像带，把这些磁带寄给媒体，作为公司形象的一部分。电视或其他媒体会很乐意直接使用你的磁带，因为你让他们可以轻而易举地填满空当时间或空白版面。
- 再次，赞助具有新闻价值的活动。在情人节情诗竞赛中，杰茜成功地促销了我们公司的成人家庭自修计划。她大胆地向当时正寻求连任的市长提出要求，请对方写一首诗参加比赛。通过这个举动，我们不费吹灰之力就吸引了大批媒体到场。同时，当市长在6点新闻中以可爱丈夫的形象朗诵他的情诗时，我们也获得了比以往还要多的品牌形象展示与知名度建立时间。而市长虽然没有在竞赛中得奖，但成功地在那次选举中获胜！

3. 直销邮件回函

邮资节节上扬，加上大众对于垃圾营销邮件日益反感，使得这类传统的业务线索生产方式越来越困难。不过，只要使用了恰当的栏位、正确的内容，以及在信封上使用适当的标语，你还是有机会以相当经济的成本获得高品质的线索。但请务必先确认你的营销人员擅于通过直销邮件进行业务线索生产，并且已经累积了相当丰富的经验。

4. 与第三方合作

“搭便车”或是与第三方合作的业务线索计划，让你可以在其他公司的邮寄信函中夹带自己的广告。你的公司是第一方，接收到信件的潜在客户是第二方，邮寄信件的公司则是第三方。

信用卡公司就是最常见的第三合作方。众所皆知，这些公司都殷切期盼能提高信用卡的使用率，既然如此，你不妨向信用卡公司提出一份计划，说明你可以向持卡者提供一项独享的特惠方案或赠品。信用卡公司喜欢向顾客提供独家优惠，因为这可以提高它们赚取更多信用卡佣金的机会。

你也可以运用相同的概念同主要的连锁店交涉。举例来说，不锈钢厨具或健身器材的广告就很适合跟着健康食品连锁店的直销信函同时寄出；吸尘器广告则应该和家庭美化商店一起运作；教育类产品与书店或育幼中心则是天生一对。

信用卡公司或其他第三方可能会要求你付费，这时你必须精打细算。既然你花这笔钱的目的是要赢得业务线索，付费当然必须以所得为基础。一般而言，你所能支付的最高容忍费用大约是佣金的5%到6%。不过，先盘算一下，真的非付费不可吗？通常第三方真正想要的是从其顾客群中获得更多商机，所以，与其一口答应付钱给第三方，不如以下列条件交换：

- **向第三方购物**。如果可能且实际的话，向第三合作方购买它们"今日"的特惠商品，以交换将广告夹带在其邮件中的机会。或许你可以从店里买到不错的定约赠品。
- **做好准备伸出援手**。几年前，我们一直处心积虑要和城里最大的百货公司联合寄出广告，虽然他们一再拒绝，我们还是努力和他们保持友好的关系。有一天，这家公司主动找我们帮忙。对方举办了一个儿童表演秀活动，但售票情况不如预期。百货公司知道我们卖的是儿童商品，所以询问我们是否愿意赞助。我们很乐意帮忙，并且起草了一个对双方都有利的合约。一方面，我们以折扣价买下几千张门票，再把这些入场券当成定约赠品使用，另一方面，百货公司成功举办了一场来宾踊跃的表演秀。与此同时，对方也愿意将我们的广告连同百货公司的账单一起寄送。这说明：当你被第三方拒绝时，态度要保持优雅，并耐心等待机会的降临。
- **交换资料库**。你的公司有一个包含潜在客户与正式客户的资料库，其他顾客群与你相似的公司会有兴趣与你合作，以换取接近这些潜在客户的机会。"接近"这个词相当重要，我们要提醒你：合作的过程中你必须严守隐私原则，你可以在向顾客寄出营销邮件时夹带第三方的广告，但绝不能把顾客资料直接透露给第三方。

记住，你必须从第三方的立场来设计线索交换计划，让整个交易看起来对第三方有利一些（同时，当然必须在你的预算之中），这样会大幅提升对方与你合作的意愿，实现双赢。

5. 利用网站执行业务线索计划

在面对面销售的产业中，利用网络的目的是为了产出线索。换言之，网站其实只是一种电子形式的业务线索杂志广告，当然，这个形式上的差异可以为我们提供一些额外的好处：

- 广告文案及定约礼品的有效性可以在几个小时内得到测试，无须等上数周甚至数个月。
- 业务代表可以较快速度地接触到潜在客户——几乎是即时的。

我们将在第26章向大家提供更多关于使用网络产生线索的技巧。

这一章的重点在于公司如何帮业务员产生线索，在下一章中，我们将回头看看业务员可以帮自己做些什么。

自我评估

- 在五大管理线索系统中，你使用了哪几个？
- 你保有什么样的营销记录，以便你在市场状况改变时，仍然能够选择最好的营销计划？
- 线索的分配是以订单转换率为标准吗？
- 你计划使用多大比例的营业额来生产新线索？你的业务代表为线索付出了公平的价格吗？
- 你能否通过分配线索来增加线索转换率？

- 你是根据平均价格来出售线索，还是以不同的分类来出售线索？
- 你在阅读本章后，是否打算进行改变？

以下书籍有助于你规划业务线索生产的预算：

- *The New Marketing Era* by Paul Postma
- *Integrated Direct Marketing* by Ernan Roman

第 6 章　寻找线索

> 如果你的船没开过来，你就游出去。
>
> ——强纳森·温特斯（Jonathan Winters），喜剧演员

前一章强调的是公司或业务经理可以做些什么来向业务员提供线索，这一章则是聚焦于如何教导业务伙伴自己生产低成本线索。有句话说得好："给业务员一条线索，他今天就会实现销售；但教他如何去找自己的线索，他每天都可以销售。"当地营销部门鼓励业务经理积极招聘，不用担心自己要扛起新人的线索费用，或是害怕线索不够。

75 年前，石油公司在提炼石油之前，会先把油井中的天然气烧尽，因为当时天然气被当成一种工业垃圾。现在，我们都知道天然气是一种高价值的燃料。以下这则故事将告诉大家如何将另一种"工业垃圾"——展示会上留下的名片——转化为黄金线索。

> "这是什么？"我看着装满纸片的盒子，好奇地问。
>
> "噢，这是顾客在展示会上填写的个人资料。"业务经理回答。
>
> 原来这是过去两年来所累积的成千上万的名片，全部都被塞在盒子中。当时是 1985 年，我刚到伦敦担任国际教育培训讲师。看着这些盒子，我觉得自己像个 1849 年才刚下船来到旧金山的幸运矿工，第一天就捡到了黄金。
>
> 自由填写的资料卡一直没有被当成是"真正的线索"。对于新官上任的我来说，这无疑是个大好机会，让我建立起身为业务经理必须

要有的公信力。

“把这个盒子给我，我看看可以怎么处理。”回到办公室后，我安静地阅读总公司给我的专为自由填写资料线索设计的定约指南。两个小时后，我已经定下五个约会。这给我极大的激励，于是我决定在第二天下午的会议中找四位资深业务经理在一旁观看，我要当场示范。结果，我在两个小时之内就定好了六个约会。接着，我们将所有线索平均分派，大家一起拨打线索追踪电话。结果，有一位当晚就拿到订单。之后，我们规划了一个全国性的推广活动，这个活动强调业务员不该只会依赖前一章所提供的两种业务线索生产系统，这种方式已经限制了我们10年来的成长。

当地开发方式大多是低成本、劳动密集的线索生产技术，业务员在他们想要的地方，以及他们想要的时间，可以随时生产出大量线索，很多令人兴奋的结果也会随着地方性业务线索的增长而到来：

- 新业务员不再需要贷款来购买或租用昂贵的线索，就可以进入我们这一行。
- 你的负债风险降低。业务经理经常必须为手下业务员的营销债务作保，若新人离职前没有将线索费用付清，业务经理就必须负责偿还。
- 你不需要因为急着把线索平分给所有人员，而减少提供给表现最佳者的线索数。
- 你的线索转换率会提升。训练新人自己找线索，如此一来，数量有限的公司线索就可以提供给成交率高、经验丰富的资深业务员。
- 与不懂得从广大资源中发掘线索的业务经理相比，你可以招聘更多的业务人员。
- 你可以不断扩充业务人员，同时又不需要担心新人一进公司就得为了公司线索和同事竞争。
- 业务人员为了在邻里间寻找更多线索，娱乐的时间势必受到影响，而这等于是增加销售的时间。

- 资深业务员从此可以掌握自己的命运，他们的业绩不再因为公司线索的多少而起伏不定。虽然部分资深业务员因为习于享受现成的公司线索，一开始会抗拒自己寻找线索，但大多数还是会为了扩大销售市场而接受提议。

能力好的业务经理可以拥有10个以上的地方性线索生产系统，教会业务员多种客户开发的技巧，这样，每一位业务代表都能从中选择最适合自己性格、能力与市场状况的方式。你应该告诉你的业务团队："我会教你10种地方性业务线索生产系统。你不会都喜欢，但至少每一种都要尝试一下，然后从中选择三个对你最有用的。"

接下来，我们就探讨这些业务线索生产系统。

1. 宴会计划

有些产品特别适合集体销售，例如厨房用具就是如此。几年前，我们在美属维京群岛规划了一场宴会销售来促销我们的"豪华餐具"，当时的广告词是："39美元不锈钢蔬菜刀免费送给你，让你当我们健康晚餐的主人翁。"我们的宣传方式是将广告单夹带于购物杂志中，发布点遍及各大地方零售通路，这个简单的方式让三位业务员在这个小市场中忙了整整好几年的时间。

很多直销公司都会传授宴会销售这一招，但是绝大多数都只把它当成一场产品销售说明会来操作。然而对我来说，家庭宴会销售的重点在于邀请亲戚朋友一起加入这场聚会，然后，想办法邀请参加过这场聚会的人主办下一场聚会，同意者可以获得一份精美又实用的赠品，以及一场有趣的活动。除非这条连锁链中断，否则这种方式可以一直运作下去。当连锁链中断时，你可以运用其他地方性线索生产计划来预定宴会活动，开启一条全新的连锁链，并依此类推。如此一来，就可以让你持续保持自己的业绩。

2. 免费取阅架

只要在餐厅柜台看过美国运通卡申请书的人，就可以想像“自由取阅架”的销售威力。这是一种简单却有力的线索生产方式。只要你带着信用卡申请书回家，填妥并寄回公司，这家公司就得到了一条新线索。

几乎任何直销商品都能够采用“自由取阅架”的方式来获得高品质线索——只要你确定它足够简单。美国运通卡取阅架的大小是标准尺寸，记住，一定要在个人资料回函卡上强调“免费”，并附上之后可以收到的赠品照片。记住，这个赠品一定要和你所销售的产品或服务相关。只要你可以在一分钟内和店家谈妥安置取阅架事宜，一小时内就可以在一家店里摆上10~20个取阅架。

你可以这么说：“我有些赠品和重要信息想要提供给您的顾客，我可以把这个小小的、挺吸引人的免费取阅架放在这里或是什么地方吗？”不要跟对方争辩或是长篇大论。4~5家商店中总会有一家直截了当地指着某个地方让你放取阅架。这时候，你一定要向对方表达诚挚的谢意，然后尽快前往下一家店。在接下来的一个月当中，你必须一星期回去检查一次免费取阅架，顺便换个位置吸引一些新顾客。如果回执单几乎被拿光了，就再补充一些，相反，如果无人问津，你就应该把架子撤走。一开始先从你自己经常光顾的店家做起，像是住址附近的便利商店、美容院或干洗店，等等。不要忽略诊所候诊间、医院、员工餐厅或公寓大楼的会客区等地方。

3. 资料掷入箱

如果是在24小时健身中心之类的店面，可以采用不一样的方式来处理免费取阅架：

- 准备一个大约8立方英寸的箱子，上方留一个狭长的投入孔。

- 将可沿虚线撕下的优惠券放在箱子上方。
- 潜在客户只要在优惠券上填写姓名与电话号码，就可以参加免费半年成为健身房会员的抽奖机会，而每一位填写者都可获得免费7日会员体验机会。
- 将填妥的优惠券投入箱子。
- 业务员每隔几天就去收取一次填好的优惠券。
- 由业务顾问打电话给潜在客户，提醒他们利用7日的免费会员体验机会。

4. 玻璃鱼缸与名片

在玻璃鱼缸背后或旁边贴上公告，邀请大家把自己的名片放进去，并说明投入名片即可获得免费的抽奖机会或赠品。

5. 印刷传单

发传单给路过的行人既简单又直接。想像自己是选举前一周的政治人物，这时候选人总会在行人多的时间站在学校或工厂门口拉选票。对你而言，音乐厅、电影院、体育场、演唱会等都是理想地点，因为人们经常在这些地方排长队，等候时的无聊会让他们在接过你的传单后立即阅读。在离去之前记得捡起被随意丢弃的传单，不然你很可能会成为不受当地欢迎的人物。

6. 办公室营销

到小型或中型企业发送营销传单是个不错的渠道，问问接待人员是否可以留下一些提供实用信息的传单或手册。如果对方断然拒绝，说声谢谢之后就前往下一家公司。如果对方愿意，就再多问两个问题："请问这里大概有多少员工？我想知道留下多少份传单比较合适？"然后，依照公司规模与安全保卫的严格程度，你可以考虑不直接把传单交给接待员，而是询问对方："我可以帮你把这些传单直接放到员工桌上或他们的信箱里吗?"

7. 拉门吊挂架

公寓是放置拉门吊挂架最恰当的地方，不过，记得把"免费"二字清楚地印在红色大信封袋上，同时，附上回邮信封以便对方将个人资料寄回。

8. 报纸插页

对大多数直销产品来说，报纸插页是一种非常浪费钱的做法，因为这么做是付钱把资料送达一个区域内所有的读者手中，然而，你的绝大多数产品都是利基导向的，回收率肯定不会太乐观。所以，你最好还是把钱花在其他开发方式上比较划算。

不过这种方式倒也不是毫无可取之处。假设某一份地方性刊物有特定属性的读者，而且成本又不高的话，你还是可以把插页一并发送，效果应该不差。举例来说，如果连同健康食品店的通讯刊物一并寄送，这种方式产出的厨房用品线索就非常便宜（甚至可能不花一分钱，只要你灵活一点，送个礼物给店家，对方可能就会答应）。这个小技巧可以让你以低成本顺利将传单送达小众市场的消费群体手中。

9. 地方性刊物

地方性刊物几乎都属于专业性刊物，所以，你必须先理清哪些刊物的细分市场与自己的产品一致。通过这类刊物接触到潜在客户的成本，远低于通过大众化报刊杂志。记住，就算接触这些刊物的读者或网站的成本高于大众刊物，但如果把他们换算成潜在客户数量来计算的话，仍相当合算。换言之，接触到的人口多少不是重点，关键在于是否瞄准了有兴趣或有财力购买你的商品或服务的潜在客户。

10. 地方性第三方合作计划

在执行业务线索计划时，和信用卡或全国性公司合作是一个合理的选择，那么和同属性的地方性单位合作一定比较便宜。无论你销售的是什么，一定有其他公司向这些人出售其他商品。一般而言，这类公司会相当乐意与你分摊邮资或网站维护成本，同时，你的资料库对于潜在客户相似的公司来说，也非常有吸引力。所以，何不把资料库也当成一个交易项目？只要牢记一点：在所有传单的底部一定要设计一栏，询问对方是否同意让其他公司知道他们的名字。大多数人都会忽略这件事情，轻率地和另一家公司交换彼此的资料库名单。

11. 装袋

把你的线索传单放进零售商店的购物袋。比方说，你可以放进以下一些资料：

- 将教育产品传单放入书店或儿童服饰店的购物袋。
- 将家庭防火系统传单放入家居建材零售商店地方版的购物袋中（全国连锁店比较难合作，与地方性店家合作的机会较高）。
- 将运动器材传单放入维生素营养补给商店的购物袋。
- 将不锈钢厨具传单放入专业食品店的购物袋。

装袋计划最好是从已和你建立起其他营销关系的商店开始尝试。

12. 地方性邮件

你可以从当地社团拿到一些有价值的邮寄名单，诸如地方俱乐部、商店、公司，以及全国性的公司经常会忽略的类似团体。这些地方团体名单的效果经常胜过全国性名单。团体和产品的属性越接近，适用度就越高。结合的可能性包括：

- 金融商品与地方服务俱乐部的结合。
- 语言学习商品与旅行社的结合。
- 家用保安系统与地方保险公司的结合。

13. 研讨会

邀请潜在客户免费听一场演讲，而你的商品正好可以协助大家解决演讲所提出的部分问题。房地产规划、整型外科及时间管理等企业经常利用这种方式进行营销。针对你的产品，是否能规划一个一到两小时的教育性研讨会，而报名参加研讨会的听众可以成为你销售的潜在对象？为了提高大家的报名意愿，你可以准备一份赠品给参加者。

14. 引荐

所有的业务员都知道引荐代表的是低成本订单。关于这一部分，我们在第 24 章会有完整的说明与介绍。

15. 书报摊、柜台与摊位

地方业务线索生产的机会是下一章“提升展示会销售”的重点之一。

地方性线索生产带来的可能性经常出人意料，而且，这些方式不会耗费你太多时间。以下的指导方针能帮助你进一步充分利用其优势：

- 宣传展示会。在公司举办一场开发工具介绍活动，并提供奖励办法，不妨以签订合约的数量为竞赛标准。

- **举办地方性营销训练会议**。持续训练课程，让业务员通过各种开发技巧的不断练习，建立优异的客户开发能力。一般性的训练会议大约要进行四个小时：一个小时解释与练习，两个小时执行业务线索生产活动，还有一个小时的分享时间，让每个人都说说自己的成功经验。
- **提供开发客户的资料**。每一种业务线索生产方式都有一套辅助资料，我们会在第25章教大家充分利用销售与开发工具的方法。
- **妥善安排与规划**。展示会与训练会议不是成功的保证，只有把它们当成是战略规划的一部分时，它们才会奏效。所以，先在你的日程安排上把展示会与训练会议的日期记录下来。
- **雇用一名地方营销经理**。业务经理不可能独立做好一个完美的地方营销计划，他要负责的事情太多了。应该聘请一位营销经理，他可以处理的事情包括：向地方上的购物中心或展示会主办单位事先预约摊位，与第三合作方协商业务生产计划，协助训练事宜，处理开发工具采购事宜（例如供潜在客户填写的资料卡）、免费取阅架，等等。

以上介绍了15种开发客户系统，有助于你不再对扩充业务人员犹豫不决。记住，没有单一的开发方式可以同时接触到所有的顾客，也没有一种开发方式适用于所有业务员。你需要不断成长茁壮的业务人员，并且持续训练他们使用各式各样的开发工具。这会使得下一个关键行动——招聘新人——成为需要迫切进行的任务。

自我评估

- 你现在使用几种客户开发方式？
- 你每一年的销售量占整体市场的比例有多大？你可以做得更好吗？
- 更多的开发工具是否能够增加销售量？
- 更多开发工具的结果是否会让你急于增加招聘次数？
- 你首先要尝试哪一种新技巧？

- 在往后的 3 ~ 6 个月，你计划如何让销售团队尝试所有的开发方式?

建议阅读以下这本强调宴会销售法的书籍:

- *Direct Sales* by Joyce M. Ross

第7章　提升展示会销售

从必要之事着手，然后是可能之事，接着你会发现自己进行的是不可能的任务。

——圣方济(St. Francis of Assisi)，方济会(Franciscan Order)创始人

过去20年来，摊位、地摊及展示会销售的成绩都出现了惊人的增长。在我刚刚从事直销事业时，不论天气多恶劣，都得出门去找机会，那时候我就比较喜欢待在购物中心的摊位，因为在那里，机会会自己找上门，就像下面的故事一样。

当时我刚到一家销售家庭美化产品的公司担任业务部的领导人，新业务代表丹和汤姆在我们位于大型百货公司内的新摊位工作，我们的销售摊位在七楼电梯旁的书报摊前面。在结束办公室的事务后，我晚上7点左右都会到摊位去走一圈。

"这里根本没有人。"这两个人抱怨道。

不过，我在进百货公司前曾经注意到，门口有一群年轻的潜在客户在那儿溜达。我掏出5美元，向他们挑战："如果你们当中有一个人在5分钟内带一个人到这儿听产品介绍，这笔钱就是他的。"结果他们两个人都在3分钟内就完成任务。丹甚至在当天晚上就谈成一笔订单，汤姆则是在第二天晚上实现了销售。

我花了几年的时间才领悟到，尽管是在摊位工作，我们这种强调面对

面沟通的销售事业，绝不能只是守株待兔。以下我帮大家整理了一些销售摊位推销的机会。

摊位展销的技巧

准备更简洁有力的销售对话

时间对于守在摊位上的你来说相当重要，因此，你必须准备一段比你在客户家里进行介绍时还要简短的产品说明。

接受较低的成交率，但却有较高的收益

相较于在客户家里进行的销售，你要有心理准备接受较低的成交率，因为你没有那么多时间和每位潜在客户进行详细说明，更何况，他可能不是适当的人选。但换个角度来看，一个好摊位可以让你在一天当中获得较高的收益，因为你可能会有较多的销售机会，并且可以借机收集到较多的线索和销售约会。与挨家挨户敲门的冷拜访相比，潜在客户比较愿意和在百货公司摊位上的你聊天。

快速审查资格

在谈话的前几分钟就判断对方是否为符合资格的潜在客户，销售专家懂得迅速结束成交希望不大的对话，好尽快回到摊位上重新搜寻可能的人选。

新人的好起点

如果是在销售摊位上进行定约训练，新人通常可以在一到两天内有效地实现目标。你可以把你的新人带到销售摊位上，相信就算他们还不懂得怎么做一场有效的产品演示，也可以预约到品质很不错的销售约会。

现场商品展示秀

你可以把全部产品带到摊位展示。如果是在客户家中进行，通常只能

介绍部分商品，你不太可能随身带着运动器材、家庭美化的所有工具或是一整组家庭自修套书与录音带。摊位上的现场商品展示如果做得够吸引人，就可以更容易地把潜在客户变成公司顾客。

增加可信度

有些潜在客户觉得在开放空间购物比较安心，他们常常会认为，如果你是有问题的厂商，应该不可能继续在购物中心摆摊位。

享受三口苹果的好滋味

销售摊位为潜在客户提供了三种选择，可以依照当时的环境、业务员的性格及潜在客户的时间灵活安排。

1. 填写顾客资料卡，日后再进一步联系。
2. 立即定下明确的销售约会日期与时间。
3. 立即成交。

除了在展示会场或购物中心设置摊位外，还可以考虑把销售点设在不允许销售活动的地方。这种地方有许多好处：

- 一般的商店常常因为销售人员会对顾客造成购买压力，所以很多人不愿意走进店面，而这种做法就没有这个问题。
- 业务员可以合理地不提供任何价格表，因为和店家签订的合约中包含禁止任何的推销活动。
- 既然不推销，通常就不会有摊位成本，就算有的话，也只要花一点钱。
- 尽量挑选人多的地方，例如零售商店或是公司餐厅门口，因为经过这类地方的人通常非常忙碌，根本不会有时间停下来听你作完整的产品说明。但如果你只是定一个销售约会，通常只要4~7分钟。
- 你可以在店家最忙碌的几个小时里，特别安排一个“只定约”（不销售）时间。

- “只定约”摊位不需要太大的空间，因为你不需要在现场展示商品，这可以让你有机会和店家协商一个位于出入口的好位置。
- “只定约”摊位对于新人来说是最好的开始机会，他们可以学习如何拿到对方的名片，或是在受训的第一天就成功定到一个销售约会。

现在让我们回顾一下三口苹果的好滋味：

- 客户资料卡。不管你的摊位是为了销售或定约，摊位营销的第一步都是要求潜在客户填写一张可以换取小礼物的个人资料表，只要礼物和你的产品或服务相关，你就可以合理地假设这名愿意填写资料的人就是潜在客户。不妨想一想：

  ◎ 一个人不会想要拿他根本不想拥有的东西。

  ◎ 愿意提供电话和住址的潜在客户，等于是同意你日后可以打电话给他，因为你不再只是一个陌生人或冷拜访的推销员。

大约有25%～50%的摊位订单来自于往后几周根据客户资料卡进行的销售活动，这些客户资料卡订单常常是摊位有无获利的关键所在。

- 定约。当潜在客户没有时间在摊位上听你介绍产品时，你可以使用以下程序：

  ◎ 准备一份设计精致的定约专用表格，表格上的关键字以粗体表示。

  ◎ 在摊位上定约就跟冷拜访一样需要看过指南。在开始尝试定约之前，一定要熟读指南。

  ◎ 向潜在客户提供三样东西：

  1. 公司产品或服务的目录。
  2. 销售约会备忘卡，把约会的时间和日期写在上面，同时把约会见面礼的图片也印在上面。

3. 把约会备忘卡制作成可爱的磁铁，让潜在客户可以把它放在电冰箱上。

◎ 提供一份具有吸引力的见面礼，在你拜访潜在客户时赠送对方。

◎ 打电话确认约会，因为你有50%的可能会被逐出大门。如果没有事先查证，你很可能只会白白浪费到对方家里或上班地点的交通时间。

◎ 在顺利进入对方家里或办公室的时候，送上约会见面礼。

- **展示销售与成交优惠**。展示销售是一个相当令人惊喜且不断成长的销售机会。在展示现场能否创造最多的销售业绩，“特惠价”至为关键。要有好业绩，你得先提出一个特别的价格，让顾客觉得这是一笔相当划算的好交易。

在销售展示摊位上演的是一场伟大的戏剧。一般而言，消费者只是在那儿“逛街”。不过，参观展示的消费者心态是很开放的，如果“哪一天”看到自己想要的东西，他们就会掏腰包购买。积极的业务员会热切地挑战把“哪一天”改成“今天”——马上开始。所以，从消费者同意填写资料卡，或是愿意“看看”商品起，戏就正式开始。

“三礼成交法”可以帮助你获得最佳的展示销售业绩。运作方式如下：

礼物一：对于在摊位上首度尝试就立刻成交的客户，给予一份价格合理的礼物。顾客过去的经验告诉他们，在展示会场购买商品应该会有额外的赠品。

礼物二：保留价值高一点的礼物，提供给第二次或第三次尝试才成交的客户，以答谢他们在犹豫及考虑后，愿意当天签下订单。同样，顾客们都会期待获得购买商品之外的赠品，因此，第二份礼物的出现有助于提高成交率。

礼物三：这是一份超级好礼。时间就等同于礼物的价值，假如潜在客户依旧不肯当天下单，但他显然很想要你的产品，或者他离开摊位后却又回头找你，那么价格绝对是他所能负担的。这时候，唯一的问题就是他还在犹豫：“我现在买对吗？或许我应该继续等。”第三份礼物必须是在你已经用尽所有的促进成交办法之后仍未成功，但感觉成交机会相当大的时候，才能把它拿出来。在这个关键时刻，潜在客户可能会说："我真的需要好好考虑一下。可以给我一张你的名片吗?"这时候，就是第三份礼物派上用场的时候。第三份礼物的更有很大的吸引力，其价值及出现的时间，关系着能否成功瓦解消费者仅存的抵抗意志。

某一年我在夏威夷檀香山参加了一个商品展示会，看到一个厨具销售的摊位，我很好奇他的演示是什么情况。在20世纪70年代，我在加勒比海卖的就是不锈钢厨具，所以我急切地想要知道眼前这位业务员会怎样示范。结果他的表现相当精彩，如果我以前也像他这么棒该有多好!

这名业务员对着大约30名坐在折叠椅上的观众进行示范，而"三礼成交法"让他在这个舞台上赢得1200美元的订单!

在产品介绍结束的时候，他提供了不同的组合价格，并宣布当场购买者可以获得一把蔬菜刀。接着，他大约花了5分钟介绍这把菜刀有多棒。至此，第一回尝试成交的策略结束。

在听众们研究过他刚刚递给大家的契约书后，他提出第二项好礼：厨房菜刀组。同样，他又花了大约5分钟进行示范。表演至此，没有任何一位听众离开现场，每个人都不停地看着自己手中的销售契约书。我的位置在展示区后方，可以看到有些人已经准备要购买这种商品。业务员开始进行第二回的交易。许多两人同行的消费者彼此对望，脸上浮现"你觉得如何"的表情。这时候业务员开始解释运送程序，并不时提醒：购买这一组厨具有哪些好处，可以省下多少钱，可以吃到多么健康的一餐。我可以充分感受到现场充斥着紧张气氛。我很好奇："还有吗?"

结果并没有令我失望，正当听众们坐立难安，有些人开始想要离开的时候，业务员拿出一只电子平底锅，市价大约350美元。这名热诚的业务员宣称，因为正值公司5周年纪念，所以每一位今天购买的人都可以免费拿到这一只神奇的平底锅，结果当场有7个人立即下了订单。事实上，应该是8位，因为我自己也买了这种产品!

在摊位上同时进行招聘与训练

摊位同时也是一个进行招聘及面试的好地方，因为应聘者可以清楚理解这是什么样的工作。

在这一章的结论中，我们要跟大家分享 4 个摊位管理秘诀：

- 摊位的租金需要由公司的营销预算、业务经理及业务人员共同分担，每个从这一次销售中获利的人（除了最新招聘人员）都必须负担部分成本。
- 当母公司的营销部门能在全国性或区域性连锁店取得摊位与柜台契约时，其成本通常会比你自己去预约地方商店的摊位更便宜、迅速一些。
- 在你和店家协商之前，一定要先调查具有潜力的销售摊位区域，而且要在不同时段前去观察。
- 考虑雇用一名我们在前一章提过的营销经理，如此不但可以节省你的时间，他的手法也比你更专业。

自我评估

- 在你的销售业绩中有多大比例来自展示会、路边摊位或销售柜台？其未来发展的可能性为何？
- 如果你在柜台进行销售，是否会通过定约及对方基本资料的取得来增加额外的销售机会？
- 你认为在新人训练的第一周就指导对方如何在摊位定约可行吗？
- 你的摊位或展示会设计能吸引人流吗？
- 你是否为业务员进行过摊位成交技巧的特别训练？
- 在你的展示会上，有没有三段式成交优惠的安排？

下列书籍讨论的虽然是贸易展销会上的 B2B 销售，但有些秘诀对直销产业也大有帮助：

- *Over 88 Tips & Ideas to Supercharge Your Exhibit Sales* by Steve Miller and Charmel Bowden
- *How to Get the Most out of Trade Shows* by Steve Miller

第三项关键行动

招兵买马

或许我比一般人幸运，因为我不曾觉得招聘新人是一个困难。过去，我曾经在20个以上的国家招聘愿意从事销售工作的业务员，结果前来应聘者络绎不绝。

在我20岁那一年，我雇用到我的第一名业务员。当时如果我晚一点才开始进行招聘工作，可能就会遇到大家遭遇过的困难。不过，我从不觉得这是一件困难的事情，我对自己的要求是："每周持续招聘新人。"而且我也做到了。我几乎是不假思索地要求自己养成这种习惯，而正是这个习惯让我建立起横跨四大洲的销售帝国。

"天天销售，周周招聘"是我生活中的例行公事。这个"天天与周周"可不是随口说说，而是真正身体力行。持续地销售与招聘，正是直销工作的最大特征。只要以正确的方式去做，每件事情就会如自己所愿地进展。成功地持续招聘，关键在于你是否养成这样的习惯。

如果你只在业务代表们都已经"训练完毕"后，才开始进行新一轮的招兵买马，这表明你的心态有误。如果你只在自己需要新人时才去招聘，这种安排也大有问题。如果你不去招聘是因为觉得自己没有时间，这表示你对事情轻重缓急的判断不正确。如果你不去招聘是因为手下的业务员已经因为线索不足而无所事事，这表示你需要更好的客户开发技巧，而不是停止招聘新人。

招聘采取佣金制的业务代表并不会很困难，但也不是那么容易，这只是一个过程。招聘所遭遇的挫折次数永远会比成功的要多，但这并不重要。以美国为例，全美需要超过200万名佣金制的业务代表来从事面对面的全职销售工作。

尽管大多数人不想做一个依靠佣金来维持生计的业务员，或是不愿意接受需要将业绩保持在标准之上的薪资制度，但是愿意做这些事的总是大有人在。这些人或许是希望自己的收获和付出的努力相符，或许是因为一份“正规的工作”永远无法实现。以下有关招兵买马的章节能够帮助你顺利招聘新人，而且可以让你找到比预期还要多的人。

第8章　有效的招聘技巧

> 这不是一件生死攸关的事，而是比这更重要的事情。
>
> ——文斯·隆巴迪（Vince Lombardi），美国橄榄球联盟教练

身为业务经理，招聘最大的恐惧来自于：某个礼拜我无法招聘新人，却碰巧有一位潜力十足的业务巨星在这个星期阅读“招聘启事”，我真不想错过这种好机会。以下这则故事可以说明我用来建立业务帝国的招聘方法。

蒂姆走到我的销售柜台旁，眼睛盯着“招聘启事”海报，开口问道：“这工作怎么做?”他当时已经搬到关岛几个月，偶尔会到船上帮忙料理观光客的饮食。他希望有机会可以做点小生意，买一艘自己的小船。蒂姆告诉我，打扫甲板和把鱼饵丢进水里这些差事，根本不是他的兴趣。

我回答：“如果你有时间的话，何不就待在这儿看着我工作几个小时?”虽然那一天我一张订单也没拿到，但蒂姆看到的是这个销售环境有多舒适，人们有多友善，就算被拒绝的时候，感觉也是如此。蒂姆在1988年正式成为我们的生力军，不只在关岛，而且在美国。总是把“招聘”的海报贴在销售柜台的好习惯，再一次获得了美妙的回报。

这只是一个简单、低成本、不须付出努力的习惯，却可以持续地有所

收获。在接下来的篇幅中，你会看到 17 种可以使用的招聘方式，相信可以帮你招来一群优秀的销售人才。

1. 报纸

在你撰写招聘广告文案时，一定要从“求职者在寻找些什么”的角度出发。招聘启示的读者正在寻找的是：一份安稳的工作，一个扎实的训练机会，一份好收入，一个具有管理潜力同时又有趣的工作。以下为你提供几个出色的广告标题，保证能吸引寻找工作者的注意力。

- “这里有比业务员还要多的业务线索”。在直销业界，工作的安全感意味着业务员可以找到足够的潜在客户；所以，告诉大家你有太多的潜在客户，但却缺少更多的业务员来创造更好的业绩。几乎毫无例外，每一位前来应聘直销工作的人都因为害怕要把东西卖给亲戚朋友而感受到压力。这是一种双重的焦虑。第一重是很多人一点也不想卖高价商品给自己认识的人；其次，聪明的应聘者知道自己的人际关系总有耗尽的一天。之后该怎么办？

  而通过开发技巧所能得到的丰富线索，可以让你信心十足地去招聘更多的业务帮手。你有高超的业务线索搜集技巧，确保你的销售市场远大于现有的业务人员的应付能力。
- “全国性企业持续扩张”、“新业务单位成立”或“新产品需要更多的人力投入”。这样的说辞可以让找工作的人觉得自己可以在新产品或市场来临时掌握最佳的时间与机会。
- “完整的教育训练”或“为通过资格审查的应聘者提供最好的训练规划”。提供教育训练的保证可以消除“我还不够资格”的恐惧。
- “提供周薪 500 美元给够资格的应聘者”、“月薪 2000 美元外加绩效奖金”或“一周三张订单赚取 1400 美元”。在你的文案中强调收入丰厚，可以反映出这份工作的收入潜力十足。如果你们公司有特别的奖励办法，像是达到某一绩效时给予分红配股，不要羞于发布这个好消息。薪水制的公司应该要强调每个月的收入，如果公司是采用佣金制，可以考虑在介绍每周或每月的收入潜力时，列出每一张订单的平均佣金。把报纸上的广告文案当成是和读者之间的契约，所以你放在文案上的内容必须既聪明又准确，这也是为什么“收入可以高至多少”以及“提供给够资格的应聘者”这些字眼都很重要的原因。

- **“征求全国性企业所需的管理新人”或“为合格的应聘者提供90天管理培训计划”。**成为管理阶层的可能性可以吸引一些不希望“只是当个业务员”的应聘者。

  事业心强烈的业务员渴求的是可以晋升到管理阶级。同样，有事业心的业务经理要找的也是具有潜力的管理人才，他们会做好训练规划，让这些人有更好的表现。

- **“不定期举办海外旅游”或“每个星期五举办社交活动”。**你的工作场合中有没有什么很独特或很有趣的事情？旅游这一类的福利通常很能吸引找工作的人。如果你们的业务旅游经常安排到海外进行，别忘了把这样的信息写在招聘广告上。

撰写招聘文案是一件有趣的事。在你寻找新标语的同时，看看其他公司的措辞。你也可以阅读其他地方的报纸来寻求灵感，从别人那儿引述一段话，或许可以让自己成为市场上最特别、最新鲜的一个。

运用你的想像力和图像设计一个特别的广告，这样才能吸引大家的目光。如果你觉得自己在广告设计上需要协助，可以和报社人员讨论广告撰写与设计的技巧，他们通常非常乐于教你几招。

准备一本广告专用的笔记本。一部分包含你已经刊登过的广告，并把结果写在广告版面上。另一部分则是其他公司的广告，你可以从它们的形式与内容得到一些灵感与启发。

收集公司完整的报纸招聘广告，分析招聘一名具有生产力的业务员要花多少成本？哪一则广告的效果最好？

诸如娱乐或购物指南这一类的周报广告费用比较便宜，可以作为日报之外另一个划算的选择。

其实你可能会发现，过去几十年来，报纸招聘广告对于招聘新人的重要性已大不如前。它的成本太高了，而且还有其他选择。对你来说，持续性的招聘技巧可能是比报纸招聘广告更节省成本的方式。

2. 顾客

根据我过去11年来在亚洲工作的经验，超过半数销售儿童商品的业务人员同时也是商品的使用者，这些妈妈拥有且热爱这些产品。除了个别的业务代表与经理会询问顾客销售产品的意愿之外，我们每年都会寄出招聘信函给前一年对产品感到满意的顾客。24小时健身中心也经常在健身教室挖掘到顶尖的销售顾问。

这意味着什么？产品的使用者愿意带着诚挚的热情来销售，是因为他们真的相信这是好东西，而热诚的态度可以让你作出最精彩的产品演示（要求使用满意的顾客去销售产品和把东西卖给心存“把钱赚回来”的人是完全不同的）。

3. 潜在客户

在20世纪70年代的某一个炎热午后，我在美属维京群岛圣托马斯（St. Thomas）的一处新开发房地产区Tutu进行挨家挨户的敲门拜访，有一位名叫杜斯的西班牙妈妈真的很想买一套《新知识全书》给女儿，但她实在没钱。我被她真挚可爱的态度所感动，因此询问她是否愿意尝试销售这套商品。她虽然感到意外，但仍然非常高兴地接受了我的提议与训练。之后，杜斯成为这个市场中的专业销售人员。当然，你不能去要求所有买不起你的产品的人来帮你工作，但是你可以养成习惯把潜在客户的问题转化为对销售有利的因素。

4. 亲戚朋友

我的好朋友之一贝乌是一名教师，他一直很热爱自己的工作，直到失业的那一天。他知道我的收入不错，但从没想过自己也可以当一名直销人员。后来，他不只成为直销高手，而且在三年内就升为地区经理。在20世纪60年代，我还招聘了三位和我像亲兄弟般的好友入行，跟我一起销售百科全书。不过，他们三位并没有做很久就转行了，但是我还是从他们的订单中获得了一些佣金。这可说是一个双赢的局面！

5. 招聘启示

蒂姆不是唯一对我的“招聘启事”有反应的人。罗丝在某个星期六早上经过我设在军事用品店门口的业务柜台，她是一名军官的妻子，正在找机会赚钱贴补家用。于是，罗丝很快就赚到比一般家庭主妇兼职还要多的薪水。

6. 杂志

如果公司的业务是全国性的，就可以在全国性的杂志上刊登广告。过去我曾经通过《今日美国》（*USA Today*）招聘到业务员，虽然是报纸，但它更像是杂志。地方或区域性杂志也是招聘新人的好渠道。

瞄准对你的产品最有用的媒体，针对它的读者群撰写广告文案：

- 利用运动杂志招聘运动器材或健康俱乐部的销售业务员。
- 美化家庭杂志对于招聘家庭美化产品的业务人员特别有效。

7. 报纸插页

卡罗最近才刚刚升官，马上就通过左邻右舍业务人选法来扩充人力。卡罗没有在日报上刊登小广告，而是印制了一张色彩丰富的双面传单，并把传单夹在附近的每周购物信息报中一起发送。她很快就收到一堆申请资料，让她可以从中过滤与雇用合格的业务员。因为效果奇佳，很多人都如法炮制。

8. 公告栏

在超级市场和社区中心的公告栏张贴招聘海报，其成本是所有方式中最低廉的一个。卡罗除了利用报纸插页外，同时也使用这种方式，作为左邻右舍招聘计划的一部分。

9. “偶遇”

在所有国家中，尼日利亚或许是采用“偶遇”招聘法的最佳地点。

凯斯是一名英国籍的建筑承包商，他因为听说直销产业的利润还不错，而向英国的出版社买了“一堆”百科全书。问题是，凯斯对于直销根本一窍不通，结果，堆得像山一样高的百科全书就只能待在布满灰尘的储藏室中。

当时我刚刚完成尼日利亚的和平团工作，正巧遇到一位向凯斯买了一套百科全书的朋友。我联系上凯斯，买下他全部的书之后就立即展开了我的销售工作。几个星期后，我就卖出了5~6套书籍，而且都事先拿到了定金。

有一天傍晚，我在一家酒吧跟一位老主顾摩斯聊天，他问我许多有关工作的问题，让我觉得他可能很有兴趣，隔天我给摩斯看一份订单，而他认为这正是他想要做的工作。几周之内，摩斯就拿到了一些订单，并且开始招聘他的朋友入行。到了月底，我们已经有了10名业务代表。

离开尼日利亚两年后，当我开始在加勒比海展开事业时，摩斯加入了我的公司，和我一起卖百科全书。我偶然遇到拥有百科全书的凯斯及帮我卖书的摩斯，都是因为我的运气好，还是因为我习惯于对意外事件保持警觉性所带来的好运？

鲍伯·贝斯曼（Bob Baseman）是《大不列颠百科全书》的全国销售总监，他总是随身携带一张“我喜欢你的样子”的名片给他偶然遇上、希望对方可以到他办公室进行面试的人。

10. 兜售

汤姆是一位曾经打陌生电话给我，要向我出售地方杂志广告版面的业务员，他是那种全身上下散发热情的人。我没有向他买任何广告版面，但建议他来找我，和我谈一谈到我的新业务部门担任销售经理的可能性。三天后，汤姆拿到了第一份订单。后来，他建立了一个 80 人的业务团队。

11. 就业博览会

1985 年，我参加了一场在英国举办的就业博览会，当时我是《大不列颠百科全书》的全国教育训练讲师。那时我刚刚学会如何执行 DISC 个性测验，很想试试它们的效用。我们租下博览会上最小的一个摊位，向路过的人提供免费测试机会。我们从早忙到晚，因为几乎所有的人都想知道自己的人格特质是什么。这个测验可以告诉受试者很多事情：他们阅读哪一份报纸、在学校里最喜欢什么科目、是一个干净还是懒散的人，等等。在我们解读测试结果的时候，感觉自己就像是算命大师一般，我们成了博览会里的焦点。在这次博览会中，我们顺利招聘到一打以上的应聘人员，之后还有 3 ~4 位完成受训并拿到订单。

几年后，我来到台湾地区举办自己的就业博览会。由于公司业绩蒸蒸日上，需要一些新主管人员，于是我结合所有的工作事项，在一家饭店租下一个房间，并在报纸上刊登招聘广告，同时安排不同部门的面试摊位。虽然绝大多数的人来到博览会是为了收入稳定的管理职位——而我们确实也通过这场博览会补齐了职位空缺——不过，我们还是招聘到许多人进入公司进行销售训练。

就业博览会的效果一年比一年好。前几年，我曾目睹了檀香山一场就业博览会的盛况。虽然夏威夷只有 3% 的失业人口，但却有数以万计的应聘人员在入口处排起了长龙，等着寻找一个更具成就感的职业。看到诸如健身俱乐部或寿险等直销公司忙于面试一群急着改善收入状况的应聘者，我一点都不会觉得沮丧，而是更愿意看到直销产业的蓬勃前景。

12. 学院和大学

我曾在佛罗里达大学的校刊上登了一则便宜的四行文字的广告，强调“周薪可达 35 美元”（当时 35 美元是一份订单佣金的一半）。在面试的时候，我告诉应聘者就算有个人两个礼拜才拿到一份订单，他还是有可能赚到现有最低工资的 4 倍。问问自己下列问题的可能性：

- 学生在校期间会经常半工半读吗？
- 学生会比较喜欢在快餐店打工吗？
- 校刊是不是一种价格便宜，同时又可以接触到大量学习能力与动机都强的业务人员的方法呢？

英国人现在喜欢销售英语课程给日本的年轻人，而表现最好的业务员都是年轻人，因此，我们就招聘大学生或是刚刚毕业的新人加入我们的行列。近来的毕业生都希望在有知名度的公司工作，然而，不是所有的人都能如愿，我们不介意自己的公司成为他们“最后的选择”。通过这几年的持续性全国校园征才活动，我们每年可以招聘到 100 位以上的新人。

13. 竞争对手的业务人员

把你的目光对准那些对现在的公司、老板或工作感到不满的业务员，你可能会在某一个产业活动中的销售摊位上、参加外部销售或激励训练时，遇到这些潜在业务员。有些公司会特别发给招聘业务团队的经理一笔招聘津贴或暂时的薪资，但我从不这么做；相反，当销售团队的成员达到 5 人以上时，我们会发给该团队所有的业务员双倍佣金长达四个礼拜。以下是这种奖励方式的细节：

- 从竞争对手公司来的新业务员拿到一份订单起，竞赛就开始了。如果团队中有一个人的进度落后，比如两个礼拜后才带回一份订单，那么，这个人就只能领两个礼拜的双倍佣金。目标导向的薪水制度是激励每一个人迅速出发的好方法。
- 双倍佣金是以基本佣金来计算，不包含管理加成或津贴。
- 新业务人员必须抛弃从前的销售习惯与工具，重新学习公司的销售法宝（可不是两套并行）。
- 每一位业务员都必须递交一份前一家公司的工资单，以证明这些新招聘过来的业务老手都是积极且有技巧的业务代表。

14. 你自己的人员

建立一套奖励办法，大方地付钱给你的业务员，好让他们积极地进行招聘行动。例如，向每一位来参加面试的应聘者提供车马费；完成第一份订单时发给奖金；接下来的10份订单给付佣金；或是如果招聘到的新业务员达到一定数量，再提供一笔奖金。为了每一年的品牌知名度计划，你得付出较多的预算。不妨比较这些招聘方式的成本，你会喜欢这些数字的。

15. 政府就业服务中心

很多政府就业服务中心会登录直销工作的机会。你可以去当地的就业服务办公室，查询你们公司有没有提供薪资方案等资料。在我过去的经验中，英国伦敦的就业服务中心曾帮我找到了一位非常优秀的业务员。约翰那时只有20岁左右，看起来有些不修边幅，但却是一名销售好手。两年之内，他就成为我们最年轻的区域经理。

16. 猎头公司

猎头公司曾一度不考虑招聘佣金制的业务人员，现在这种情形已经彻底改变了。很多人力资源公司会在特定时间以销售总额的百分比来运作，你必须翻翻黄页或是通过网络找到它们。

17. 网络

当网络时代来临时，我正在台湾地区。喜欢创新又积极的台湾人很快就发现使用网络进行招聘的优势。这些业务员学习及应用网络的速度非常快，很多经理人短时间内就架设起自己的网站，并且利用这些设备和其他经理人进行招聘竞争。但老实说，有些网站设计得很不错，但有一些不行，而公司也因此注意到标准化网络招聘工作的必要性，于是架设了一个一流的公司网站供所有的业务经理使用，并通过一套大家达成共识的方法进行招聘，至于那些通过网络而来的应聘者则由所有的业务经理共同分享。

优良的招聘网站已经是各大公司的标准配置。优秀的经理人可以打造一个具有吸引力的网站，并且懂得和搜索引擎网站讨价还价，想办法让找工作的人一输入关键字后，公司名称就会出现在搜索结果的第一页。

www. monster. com 这个网站就提供了很好的空间作为网络招聘的另类选择，这个网站可以让招兵买马成为一件容易的事。

一旦你具备了建立销售王国的心态，就会知道尽可能地使用多样化的招聘方式是既自然又绝对必要的事情。所以，你现在应该能够理解为什么我会说自己从不认为招聘是一个问题。这只是一种过程，一个永不间断的过程，但却是所有业务经理成功的必要基石。

自我评估

- 过去3个月你使用过这17种招聘方式中的哪几种？
- 你是否详细记录自己团队的业务员采用什么方式招聘新人？
- 通过每一种招聘方式找到一名新业务员的成本分别是多少？
- 业务经理是否在某几种招聘方式上做得比其他人好？

- 你是否能找出业务经理在某几种招聘方式上做得比其他人好的原因?
- 你是否有一套完整的系统让自己可以随时采用想要利用的招聘方式?

我们推荐下列关于招聘技巧的书籍:

- *Recruit & Sell* by Dr. Keith Laggos

第9章 利用十段式面试法推销工作

你的未来要视很多事情而定，但其中最重要的是你自己。

——泰戈尔（Frank Tyger），印度诗人、思想家

谁把广告刊登在报纸上或是把传单夹在每周购物情报中都不重要，因为回应这些广告的人数不会因此而有所变化，重点在于你能不能吸引到求职者的注意力。而你招聘到的究竟是优秀的、资质普通的或驽钝的候选人，关键在于进行面试时的果断心态与专业表现。只要抱着这样的心态，其他都是可以学习的。如何雇用适当的人选已成为一门学问，但很多基本原理倒是千古不变。直到今天，我都还记得自己是如何进入这一行，而一切仿佛是昨天才发生的！

“人们会把门重重地关上，小狗会对着你狂叫，潜在客户可能会拿着伞在大马路上追赶你，这些情况随时都可能发生。你可以忍受这份工作可能对你造成的心理伤害吗?”

“可以!”我回应道，一边想着要不要再多说些什么。

等了几秒钟之后，戴斯先生终于开口说：“很好，星期一先来受训。”

结果，那年暑假我卖出不少百科全书，也赚了不少佣金。具有讽刺意味的是，当时我只把直销当成大学毕业之前的临时工作。18岁的我从来没想过，原来我已经开始了自己一辈子的职业生涯。

招聘面试可以看出你的销售演示功力，因为我们必须把工作当成机会来推销。因此，我们的面试说明就应该和销售演示一样完美且具有说服力，你必须营造正确的环境，提供说明文件或道具，提出正确的问题，让应聘者知道你是一位专业人士。这么做的同时，你不只是建立起自己的可信度；可信度越高，你的应聘者越可能相信你所说明与主张的公司、产品与事业机会等事宜。

我遵循这样的原则来处理成功的面试已行之多年，而这样的原则只需要两个过程来配合：四段式准备及十段式面试法则。

招聘面试的准备工作

在你和应聘者谈话之前，先想想应该要做些什么。你的准备工作是否充分可以决定招聘的成功率，其重要性和面试过程本身是一样的。你要让应聘者在面试正式开始之前就对他所见到的一切印象深刻。

1. 布置场地

想一想你的等候室与面试间，后者通常是业务经理的办公室。你一定听过一句话："你只有一次机会给人家美好的第一印象。"无论办公室的租金预算有多少，一定要让它整齐漂亮。在我上任区域经理的前几天，我租了一间又小又不起眼的办公室，只因为房租便宜。我和我太太立刻规划要把这个房间转换成接待室。首先，我们重新粉刷墙壁，在角落摆放几株盆栽植物，接着挂上几张加框的海报来装饰墙面，最后去采购一些二手的优质办公家具。尽管花费不多，但办公室已焕然一新，从脏乱阴暗的小房间，变成舒适且明亮的空间。

在一间经过巧妙布置的办公室里，挂在墙上的图画应该方方正正，等候室里的杂志应该是最新的，而且一定要摆放整齐，秘书的办公桌也绝对要干净整齐。如果图画挂得歪七扭八，设备看来残破不堪，地毯也布满污渍的话，应聘者在你有机会推荐之前就夺门而出了。最理想的情况是让应聘者在等候室时可以看到你预先制作的招聘新人的短片。

一间干净的等候室，一台娱乐用的放影机，还有专业的设备——这些虽然都是小事，但结合起来却有很大的影响力。每一天在你走进办公室之前，停下脚步问问自己："如果我是求职的人，走进这间办公室的感觉如何?"

2. 申请书

要求每一位前来应聘的人填写两份表格。记得要以高品质的纸张来打印，此外，你的第一份表格——也就是工作申请书——应该以不同颜色的纸张来制作，以免跟第二份表格混在一起（如果是一般的影印纸，可能会传达出错误信息）。

3. 性格量表

请应聘者填写一份业务员性格量表，这份资料不仅可以向你提供一些重要的信息，还可以提升应试者对你的印象。如果你的公司没有进行测验的经验，不妨在 Google 中搜寻相关资料，我的网站 www. malaghan. com 也提供了其中一项测验，让你免费下载。任何性格评估都是有效的，只要你懂得在面试时灵活运用。

多数的性格测验都是围绕着 DISC 系统而来：D 是领导性格（directive personality），I 是影响性格（influence personality），S 是稳重性格（stable personality），C 是沉思性格（contemplative personality）。托尼·亚历山德拉（Tony Alessandra）是这类评测领域里的领导人之一。

《People Smarts》一书的共同作者托尼·亚历山德拉和麦克·欧康纳（Mike O'Connor）曾经说过，就某方面而言，黄金原则有其局限性，因为它假定所有的人都很相似。因此，他们提出白金原则，重点在于如何对他人进行正面解读，并且在事业上成功地应用了这个法则。他们提出了四种行为风格：领导人（directors）是有魄力、有竞争力且果断的；社交家（socializers）或影响者（influencers）具备积极乐观与合群的特质；稳重可靠者（stable relaters）和蔼、可靠且讨人喜欢；喜欢沉思的思想家（contemplative thinkers）懂得自我控制、谨慎，理性胜于感性。

他们的书也附有一张检测表，读者可以测验一下自己的性格类型，以找出并适应自己的风格，然后以此为基础去改进。DISC 系统对于那些想要提升自己对他人的敏感度及沟通能力的人来说，帮助相当大。

4. **工具**

在销售商品或服务时，你所凭借的就只是一个微笑或一段谈话吗？我相信，你至少得利用一种销售工具或样品来支持自己的销售演示。同样，招聘新人的面试也是如此，你得用一个精致的面试用具或电脑屏幕来进行一场精彩的招聘面试。打出标语或图像不但可以预防你离题太远，也可强化你想要推销的信息。

记住，一定要以最能凸显产品优势的方式来展示商品，而且要让应聘者可以直接接触到。此外，你可以在你的桌上放一份新人教育训练规划表，或是放一沓线索资料，让应聘者一眼就可以看到你有“太多”线索。另外，把你的客户开发文件整齐地放在桌上，包括通过杂志广告得来的线索、免费取阅的传单、回函邮件等产生线索的工具。最好也把公司的简介手册准备好，并清楚解说公司的佣金制度。你要确定自己对于这些表演工具或文件都非常熟悉且内行。

面 试

现在，你已经准备妥当，也有了很好的工具，接下来就是展开十段式工作面试的时机。在每一个面试步骤结束时，提出一些承上启下的问题，把应试者从当前的对话带到下一个步骤当中。

1. **暖场**

这听起来像不像一场销售对话的开场白？进行销售演示时，你面对潜在客户所建立的温暖气氛，在这个时候也很适用。应聘者越放松（例如谈一些关于家庭或家乡的事情），他就越容易以开放、轻松的心情将精神集中在你所传达的信息上。“史蒂芬妮，虽然我现在手上有你的申请表，但你何不再多聊聊自己过去的工作经验？”

2. **回顾申请书**

让对方放松的最好方式，就是去问一些和申请书相关的简单问题。

"亚历士，你最喜欢上一份工作的哪个部分?"同样，这和销售展示时的暖场作用是一样的。

3. **提供性格评测结果**

依照评测的结果指出应聘者的销售优势。当测试正确时，可以提高你的可信度。"阿妮塔，你觉得自己是个可以接受训练并且和大家相处愉快的人吗?"

4. **推销公司和产品**

每一家公司都有它成立的传奇。把公司的故事拍成一分钟短片，尽可能简短且有感染力。通过戏剧性的方式表达你的产品如何帮助大众，把求职者想象成潜在客户，极力去推销你的产品。一旦应聘者渴望拥有你的产品，他就会想要去销售它。"泰德，你最喜欢产品的哪种特点?"

5. **推销客户开发系统**

应聘者想知道："我该如何去找客户?"要克服应聘者对于开发客户的恐惧，你就必须清楚地解释公司的开发系统。把我们先前提过的那些开发工具告诉对方，让对方清楚知道公司已经解决了开发新客户的问题。"希拉，你现在能够明白业务人员都会有稳定且可靠的线索来源了吗?"

6. **销售教育训练**

到了这个阶段，应聘者对于你的产品和如何找到潜在客户已经有了基本的理解，但是，他们对于失败的恐惧仍未完全消失。很多应聘者会怀疑自己："我怎么可能学得会这些?"告诉他们你的训练课程规划，向他们保证你有一整套已被证明有效的训练课程，明确地指出公司为毫无经验的业务新人设计的训练时间有多长。当然，如果这个人已有销售经验，就调整一下你的面试程序。我常常会说自己要找的是没有业务经验的人，因为他们比较容易训练。"托尼，你觉得我们的训练方式如何?"

7. **推销晋升为经理人的机会**

当大多数的求职者并没有想到要面试经理人职务时，你要让他们开始认为自己是（或即将是）经理候选人员。你永远不会知道，这个坐在你对面的人心里想的可能是经理职缺，而这正是你不想错过的大好机会。聪明的业务经理会不断寻找下一位经理人选，并且积极地为适当人选提供经理发展规划。“玛丽亚，你有没有想过担任我们公司的经理?”

8. 销售赚钱的机会

永远不要在薪水方面造假。如果你们采用的是全额佣金制，就清楚地解释这个制度如何运作，并给应聘者一份印刷精美且内容详细的说明书解释这套系统。如果公司会付基本工资，就把支付工资的要求说得一清二楚。不要害怕说清楚会吓跑应聘者。如果你发现这名应聘者根本没有做好以业绩来计算薪资的心理准备，就让他离开吧！你不会希望自己的团队中有人误以为自己赚大钱的机会来自于准时上下班，而和工作成果不相关。“杰克，你对于我们的佣金制度有什么疑问吗?”

9. 接近尾声

“珍，选择一份工作与职业是一个人一生中相当重要的决定之一。我们只短暂交谈了15分钟，所以我无法在这么短的时间内判断你是否适合这个机会。同时，你一定也很难确定这份事业到底是不是正确的选择。不过，至少在这一刻，我非常看好你在我们公司成功发展的可能性。”接着，继续进行下述9A或9B的步骤。

9A. 以受训的邀请作为结束

“接下来我想邀请你参加我们的新人训练课程，受训开始的日期是×××。严格说来，这个训练是面试的延伸，同时也是学习的开端。你会完整地学习到我们产品的优点有哪些，我们也会进一步告诉你关于各种业务线索生产的规划与信息，同时，你也可以看到一场完整的销售演示。我会通过这一天的训练观察你的潜力，而你可以借机提出问题。这一天的课程结束时，我就可以比较清楚地告诉你，我认为你能不能在这个行业闯出名堂，而你也会知道这份工作是不是正确的选择。你觉得这个提议如何?”

9B. 以销售示范作为结束

“我想邀请你和我或是我们最顶尖的业务代表一起去拜访潜在客户，这样你就可以实地观察一场完整的产品销售演示，并且知道潜在客户对产品的优点有什么回应。在销售演示之前和之后，我们都会向你解释有关业务线索系统及教育训练课程的更多细节。我相信，到时候你一定会有一些现在还无法想象的问题。所以，在销售演示结束后，我们可以聊一聊你看到的一切。到时候我就可以比较清楚地告诉你，我认为你能不能在这个行业闯出名堂，而你也会知道这份工作是不是正确的选择。你觉得这个提议如何?”

10. 最后

面试至此，你要把详细记载薪资制度的公司简介交给新聘人员，同时跟对方确认受训或销售现场观察的时间与日期。

通过这一套步骤来运作，你可以持续稳定地招聘到愿意接受训练的新人。要说服对方你是一名出色的业务经理，就必须证明你对销售的热爱，所以，你必须发展出一整套的开发工具，以确保每一位业务员可以高效行动，甚至你还要证明自己总是处于业务员不足的状态，所以有许多业务线索等着新人去追踪。当然，很重要的一点是，你的教育训练安排必须适合这套完美的招聘系统。接下来，我们就要进行到第四项关键行动——教育训练。

自我评估

- 你的办公室现在看起来整洁吗？如果你的老板来电话说：“15 分钟后我会过去。”你来得及把七零八碎的东西一一归位吗？
- 你是否准备好了精致的申请书及性格评量表？
- 你的桌上有没有一套完整且美观的推销工作工具？
- 你主持的面试是否和你的销售演示一样结构清晰而专业？

- 你是否懂得以确认工作开始或下一次面试的时间作为结束?

大多数关于招聘面试的书籍都是写给一般的销售产业，这些产业都有一套聘用领取正常工资和奖金的业务员的复杂过程。尽管如此，有些书还是为我们提供了不错的素材：

- *How to Hire & Develop Your Next Top Performer* by Herb Greenberg, Harold Weinstein, and Patrick Sweeney
- *Great Sales People Aren't Born*, *They're Hired* by Joseph Miller
- *People Smarts* and *Platinum Rule*: *The Four Basic Business Personalities and How They Can Lead You to Success* by Tony Alessandra, Ph. D. , and Michael J. O'Connor, Ph. D.

第四项关键行动

培　训

优秀的训练讲师都具有非凡的魅力，一站上台就可以吸引全场的注意。你可以从以下几章获得这些魅力。这一部分所要讨论的主题是：我们绝大多数都不具备天生的魅力，所以我们必须更努力地吸引观众。

销售训练的课程内容相当多元，但其目标不外乎是：拿到更多的订单。随着业务人员越来越聪颖与机灵，完成这项使命的方法也越来越复杂，通过高科技进行辅助的情况也很常见。

规划优秀的训练课程已经成为业务经理的重要挑战。根据一项针对离职员工的调查显示，在离职原因部分，失败的业务员经常勾选“训练不足”选项，另外，“我的经理不支持我”出现的比例也相当高。不过，聪明的业务经理知道后面这项非理性的抱怨多半来自于工作态度差的离职员工，可以不必理会，真正要讨论的重点在于分析他们的训练课程，并努力改善教育训练的效率。

你提供给业务人员的训练课程，应该要依照不同的职业生涯而有所区别。因此，我们将以三个章节来讲解新人训练、新销售员及资深业务员，接下来三章的重点则放在训练与业务会议的技巧上：

- 第 10 章　协助新人完成第一份订单
- 第 11 章　协助新同事撑过第一周
- 第 12 章　激励资深业务员

- 第 13 章　让你的课堂技巧更生动
- 第 14 章　利用外场会议的威力
- 第 15 章　召开让人惊喜的业务会议

我们在第 2 章已经介绍过通过销售现场训练来培养自信的业务员。

在接下来的章节中，我们的重点将进一步放在教育训练可以是而且也应该是一种具有娱乐性、互动性，有时候甚至是高科技的活动上。

第10章　协助新人完成第一份订单

光用嘴巴说，只不过是徒劳或是空话，除非你通过行动去执行它。

——狄摩西尼（Demosthenes），古希腊政治家、演说家

新人训练的第一要务就是让这些刚刚通过面试的新兵保持心情愉快，并且乐于在第二天回来继续受训。下面这则故事可以告诉我们如何尽全力来“诱惑”这些新人。

我看着我们的总经理山姆说：“如果我们4位刚刚招聘到的几位先驱业务经理（pioneer sales manager）不能在这一个星期内获得至少一张订单，我们就必须全部从头来过。”

当时是我抵达台湾地区5个星期之后。在面试了20位以上的求职者后，我们从中选择了4位担任先驱业务经理，销售成人英语学习课程。在帮他们进行了一个礼拜的密集训练后，我们做好准备直接进入现场销售。当时我们坚信第一批经理必须是业务人员，因为我不会说中文，因此，我不可能是第一个拿到订单的人。

这4位业务经理中有一位叫苏菲，她每个星期五晚上都在一家面店用餐。当时接受了训练的她对产品充满信心，对销售也充满热诚，因此就在餐厅进行她的第一次出击。在面店工作的三位员工都感受到了她的这份热诚，在那个周末，这三个人就成为苏菲的第一批顾客。星期一早上，她和大家分享这个故事。其他的业务经理大受激励，也很快地拿到了第一份订单。年营业额2500万美元的事业就此展开。

我常常回想，如果苏菲那天是到别的餐厅用餐，事情会不会有所不同？

在第一天的介绍训练中，你必须实践你在招聘面试时提出的承诺：

- 介绍公司的历史与愿景，建立你的可信度。
- 说明你的产品或服务如何比其他公司更能满足顾客的需求。
- 进行一段产品演示，但不需要包括合约的部分，同时，展示并说明你所有的业务线索生产系统。
- 给受训员工分派家庭作业，包括发送一些有助于业务线索生产的传单。
- 在每天受训结束时，和每一个人进行个别谈话，借机再次推销这份工作。

在受训期间安排大家进行角色扮演，模拟销售对话，练习电话拜访，并且教大家更多当天就可以实际操作的客户开发技巧。

许多业务经理会安排新人进行2～5天的受训课程。在这一梯次的训练中，你的目标是教会新人足够的销售技巧，让大多数的人可以自己去找到一个潜在客户，谈妥一次约会，并进行一次热情的销售演示。请注意，我并没有提到要在训练当中培训成交技巧，这部分留到第二周再来进行。

尽管通过招聘面试已经说服这些人前来接受培训，但这并不代表他们完全接受了直销。一般而言，这些人一开始之所以会来，是因为看到工作时间具有弹性、个人可以不断地成长，以及工作环境有趣等优点，才能克服他们对于收入不稳定、经验不足、不知道如何找到客户及害怕失败的恐惧。可以确定的是，至少有一部分新人一直犹豫是否要出席培训课程，而很多已经出席的人若不是抱着观望的心态，就是只想骑驴找马：“在我找到一份正规工作之前，就先做做看吧。”

大多数的训练讲师都曾经至少碰过一次第二天只有一半人员出席的窘境，所以，我们深知第一天课程的说服力有多重要。因此，我们必须尽力去除这些受训者的怀疑与不安，让他们相信自己一定会成功。

七阶段训练法

以下是我们试验过最为有效的七阶段训练法，可以教你如何赢得新人的真心。

1. 推销你的公司

利用视觉的辅助工具，如精美的公司简介或 PowerPoint 幻灯片，以建立公司的可信度。求职者想知道公司的历史与领导人的背景。和他们分享公司创办人的故事，看看他如何将梦想转变成一个成功的事业，并以图表资料来证明公司的规模与成长。如果是新公司的话，可以强调一起加入公司的初级阶段能获得什么。

2. 推销产品或服务

把每一位受训员工都当成潜在客户，通过故事来说明产品满足了哪些需求，以证明产品与服务确实能够帮助顾客。故事要想吸引人，就必须清楚地陈述某一位顾客的生活如何在购买产品或服务之后得到极大的改善。换言之，就是把成交之前的销售演示完整地传达出来。

不要在第一天就提到成交技巧或教大家如何填写契约书。只要传达下列信息："你们受训的目的是为了协助人们作出正确决定，好让他们的生活可以更快乐、更健康，以及更有价值。"当受训员工说"我也想要拥有这项产品"时，就表示你成功了——他们同意客户是为了自己的利益而购买产品。如果可能的话，拿一份样品到现场，让大家可以亲眼看到与触摸到。一盘制作良好的录像带（20 分钟或更短）可以为自己的产品或服务加分，让你的工作推销更具说服力。

3. 推销市场

进一步阐述你在面试时已经说过的话："我们的业务线索相当多，目前已有的业务人员应接不暇。"同时拿出一张潜在市场图，清楚地说明潜在客户的数量及现有的业务员人数，让受训新人能够立即明白你的论点。

4. 推销开发客户的方法

详尽说明你如何找到顾客，并强调你所使用的开发系统运作得有多好；向受训新人保证，他们可以轻而易举地学会这些客户开发技巧——只要你有一个免费取阅架，一份敲门拜访的指南，或是其他业务线索生产的工具——总之，让他们知道发送这些业务线索传单有多容易。同时，你要向他们传达“今天就开始开发客户”的信息。在受训的第一天，教大家一种开发客户的方法，然后发给每一位受训员工 10 ~ 20 份业务线索工具，比如传单或海报，作为他们当天下午的家庭作业。总之，这一堂课结束时，一定要确保每一位受训者对你所提供的客户开发方式感到有信心。

5. 推销你的训练系统

一开始就简单介绍所有训练课程的内容，确认你的受训员工希望知道的事情都已经包含在课程中，为了提高可信度，你可以举几个实例，说明哪些人因为实践你所教导的内容而累积了非常好的起步经验。

你的训练道具也很重要，第一天就要给所有人一份课程内容纲要。列出销售演示重点的纲要，包括在每一时间点可以提出的问题，以提高潜在客户的投入程度与肯定答复的可能性。不过，我们在下列的纲要中并没有列出问句，因为在现实应用上，要潜在客户回答“是”的问题得依照个别产品或服务来设计。

- 先暖场，让客户在销售开始之前感觉轻松一些。
- 你可以先讲一个跟特定需求相关的故事，好让潜在客户意识到有这么一个问题存在。
- 展示产品具有哪些优点，而这些优点可以帮客户解决什么问题。
- 解释价格与内容，提供清楚的信息以供顾客作出明确决策。
- 重新总结需求故事、优点及价格，确保对方已经完全理解，并且有整体的概念。
- 商定交易，要求对方立即下单。
- 签下合约，也就是白纸黑字的文书工作。

- 再度审视与快速确认你所销售的每一样东西，此外，再次确认合约内容能让顾客感到安心。

6. 销售成功的机会

详细解说奖励制度，包括你自己的薪水如何计算。完整的说明可以建立大家的信任，同时让大家知道你的收入有赖于受训人员的成功。同时，你还要强调自己提供的不只是一个奖励制度，更是一个成功的机会：可以晋升为经理人、促进个人成长，还能在赚取远高于平均收入的同时，享受有趣的旅游活动。谈一谈你的管理人员发展规划。不妨留下一个伏笔，暗示大家你正打算成立一个更大的业务团队，而要做到这一点，必须尽快多找一些优秀人才协助管理工作。

7. 回顾一整天的活动

在每一天的训练课程接近尾声时，和每一位受训者进行5～7分钟的个别面谈，这对于你和对方能否建立良好关系影响重大，而且还能确认他们在课程结束后是否带着愉悦的心情。在个别面谈中，多赞美受训人员的反应、行为和态度，建立他们的自信心，并鼓励他们完成家庭作业。此外，个别的谈话可以避免他们会后聚在星巴克说些丧气话。在那样的场合中，只要有人说几句泼冷水的话，你花一整天建立的愿景、能量与期望就会化为乌有。当你进行面谈时，你的现场经理或资深业务员可以在这段时间进行销售演示，让等候谈话的受训人员不会闲得发慌。

业务经理通常必须亲自执行招聘新人训练中的步骤1、步骤6及步骤7。如果你正在培养能力较好的业务员，可以把其他步骤交给他去做。此外，如果你有营销经理，在讲解客户开发课程时，请他和你或资深业务员一起带领进行讨论。

以下是一些注意事项：

- 一定要提供午餐。
- 一定要在受训新人抵达之前把教室打扫干净。
- 不要只派一位接待员迎接受训新人，你应该和接待员一起待在教室，让他们抵达之后立刻有事做。

- 在大家彼此认识之前，一定要使用识别名牌。
- 上课之前，再次检查白板旁边有没有板擦及墨水充足的书写笔。

在接下来的训练里，你仍得持续进行下述事项。

继续开发客户

不要只说不做，每天都要教你的受训新人一种开发客户方式。

你可以这么说："一个月后，你们将学会 7～10 种开发客户的方法，你未必都喜欢，但没有关系，绝大多数成功的业务员一次只会使用 2～3 种方法。但现在，你要先试过所有我们教你的方法，包括冷拜访、销售摊位、发送传单、放置免费取阅架，之后再从中选择最适合自己的方式。今天我们要教大家的是……"在你说完这段话之后，教一个当天课程结束后要大家去尝试的开发方式，尽可能先教一些能在 30 分钟内完成的方法。

无论你的训练课程有多棒，有些人就是会离开。不过，只要那些人已经发过一些营销传单，你至少可以拿到一些线索作为训练的补偿。重要的是，让他们自己去尝试开发技巧可以增加受训新人的回流率，因为他们会想要追踪自己辛苦得来的线索。

在我理想的规划中，结束训练时间最好是在星期五早上，因为在周末购物的人较多，成功预定销售约会的几率最大。请受训新人在早上 9 点之前抵达购物中心或超级市场的销售摊位，从这个时间开始一直到中午，都是人最多的时候。

指定家庭作业

除了开发客户的练习之外，还有一些不错的作业：

- **练习填写销售契约**。第二天开始教大家关于契约的事情，并以一个标准客户为范本来练习，要求受训新人填写空白处。第三天再练习填写两张不同商品组合的契约，由正式的业务员来检查错误。
- **练习销售谈话术**。向受训新人提供足够的产品演示工具及文件，

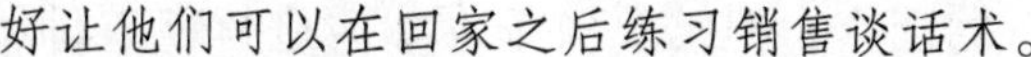

好让他们可以在回家之后练习销售谈话术。

- 提供参考书籍。如果公司没有自己的传记，则可以向受训人员提供好书，鼓舞他们的积极态度。

所有的课堂训练如果没有伴随销售现场训练的话，你说得再精彩都只是在浪费时间。这部分我们在前两章已经告诉大家了。

评估新人训练的绩效

你的入门新人训练有多棒，你很快就会发现。这一阶段的训练课程相当重要，不只能让你自己的训练功力大增，也能增加你的业务员个人能力。在某次调查中，我针对两个国家中的500名新人进行问卷调查，结果证明我们确实提供了很好的训练课程。在这份问卷中，评估的重点有两个：

1. 受训新人看过的现场销售演示次数。
2. 在自己单独面对潜在客户进行销售演示之前，接受过几小时的课堂训练？

这份问卷的目的不是要评估训练的品质，而是课堂的训练时间及现场观察销售演示的时间。仅此而已！

以下是我们的发现：

- 观察至少三场现场销售演示及听过20小时以上课堂训练的新业务员，其成功率是最高的。
- 观察至少一场现场销售演示及听过10～20小时课堂训练的新业务员，其成功率是第一群人的一半。
- 从来没有观察过现场销售演示及受训时间少于10小时的新业务员，其成功率近乎零。

这是个非常容易进行的调查，但结果对于你如何进行新人训练却有很大的帮助。

自我评估

- 参加训练课程的新人中，大约有多少会成为有业绩的新人？
- 你的新人训练规划和我们提出的有何不同？
- 是否有哪些部分需要修正？
- 你是否测试过自己的训练结果？
- 你是否在受训第一天就鼓励新人进行客户开发工作？如果没有，你认为这么做会有什么结果？

下列书籍可以协助你训练业务新人：

- *Selling for Dummies* by Tom Hopkins
- *Conquer Fear* by Lisa Jimenez
- *See You at the Top* by Zig Ziglar

第 11 章　协助新同事撑过第一周

> 到达一个目标的同时，就是迈向另一个目标的开始。
>
> ——约翰·杜威（John Dewey），教育家、哲学家

很多哲学家都拥护“生活在现在”的理念，这个理念对于留住一个成功的业务员来说一样有效。

向新业务代表传授足够的销售技巧，让他们可以坚持销售一星期以上。你的业务员在这个星期需要做些及学些什么，才能确保他们下一周还会继续销售。90 天是一个重要关卡，到时候新业务员不是离开，就是加入资深人员的行列。

如果把焦点放在这一行业的基本要求来看，其实非常简单：只要业务员认为自己赚不到佣金，或是根本无法达到领薪水的资格时，他就会离开；如果他们认为自己能够很快拿到一份订单，就会留下来。身为业务经理，你必须负责点燃这份希望。要做到这一点，得靠我们每天教他们销售技巧，并且把他们的时间集中在开发客户上。我曾经向一位业务经理请教，她如何在 3 年内让一个原本只有 6 个人的团队发展到拥有百位全职业务代表，她回答说：

> 让业务员保持忙碌并充满希望。例如，我有一名业务代表在最近一次的竞赛中赢得顶尖新人奖。在受训第一天结束时，我给她一些传单，要她发给住家附近的邻居。第一周结束时，我让她到销售摊位练习定约。往后的每一周，她都会安排一张时间表，注明自己打算在店

家里放置多少免费取阅架，要打多少冷拜访电话，以及规划花几天的时间待在销售摊位上。

身为一名经理，可以做的不外乎让团队保持忙碌。这是我所能控制的。当然，除此之外，我还可以和他们一起进入销售现场。

三件正确的事情

这位经理的故事让我想起自己建立第一支团队的经验，那是40年前的事了，那时我刚升任为业务经理。年轻的我虽然还不够老练，但在管理同为大学生的业务员时，我做对了三件事情。

首先，当我们从教室转战销售现场时，我要求他们一定要先读过拿破仑·希尔（Napoleon Hill）的《思考致富》（*Think and Grow Rich*），或是充分练习过销售谈话术。

其次，每一天的行程结束时，我会和每一个人单独谈话3～5分钟，聊一聊这一天的工作情况，也许是恭贺他们的成功，也许是讨论下一次如何会更好。

最后，我使用了第2章介绍过的两天空白法：只要连续两天没有订单，就主动帮他们进行销售现场训练。

经常沟通

每天接触代表每天都有成果，每周接触则代表每周都有成果。因此，你如果想要每天都有成果，就要每天和你的业务员联系。如果你的业务员不是每天都进办公室，那么至少每天要打一次汇报电话（电子邮件能够让信息传递更迅速，但如果是要管理或激励业务伙伴的话，效果多少会打折扣）。

在业务员进公司的前3个月，你每天都要把重点放在5个管理目标上：

- 激励你的新业务伙伴。如果你对这个主题有兴趣，可以先阅读第20章。

- 分析客户开发技巧。问问你的业务员“你今天从事了哪些开发客户的活动？明天打算做什么？”检查他们还有多少销售约会存量。
- 评估与讨论最近一次的销售演示。
- 至少要提出一种成交障碍，练习克服这个障碍的谈话术。
- 每天教一种完成交易的技巧，比如讲一个打动人心的需求故事、使用主动成交术等。让新业务人员持续忙于开发客户，而且必须是非常忙碌。新业务员不会因为你要他们太努力而离职，他们离开的原因通常是因为和太少的潜在客户接触而赚不到养活自己的佣金。

团队开发客户

组织团队开发活动。有些新业务员会希望自己去开发，千万不要跟他打赌，因为你肩负着为团队进行时间管理的重责大任。所谓的时间管理，就是你必须确保团队已经花了足够的时间进行客户开发。这件事不会自动发生，而是你要想办法让它发生。因此，你必须花点儿工夫进行业务伙伴的时间管理。

- 如果你进行挨家挨户的拜访，请业务员分别从街道的两端开始进行——另一位是不是新业务员都无妨。
- 如果冷拜访有效的话，就每个礼拜举办一次电话拜访聚会，相信这么做会帮你创造很多必要的销售约会。
- 如果摊位开发对你有用的话，就排班让大家轮流去看守摊位，无论摊位规模或人流多少，每一次至少轮换两个人。

现在展现热情，下一刻就会成交

新业务员都会希望尽快学习成交的秘诀。不过，在这之前你要先向他们讲述一个动人的需求故事，以及如何在销售谈话的过程中，以热诚的销售演示连同积极的问题去赢得潜在客户小小的肯定。

你可以先告诉新业务员可能会碰上哪些成交障碍，例如最常见的“我要再考虑一下”及“这太贵了”。但无论如何，记下这些障碍的重要性远远不及好的需求故事和带来小小肯定的谈话。

如果你的业务员可以掌握这些初级的基本演示技巧，也能展现充满热诚的态度，再加上你让他们忙于开发客户的话，就会产生以下结果：

- 你的业务员流失率会降低。
- 你的业务量会增加。
- 你的销售王国会扩张。
- 你的销售佳绩会远近驰名。

自我评估

- 你协助新人成功起步的系统是什么？
- 如果一名新业务员连着两天都没有交出一张订单，你的策略是什么？
- 你会提供特别的训练给进公司不到3个月的业务员吗？
- 你希望业务员一个星期花多少时间从事开发客户的活动？
- 你如何管理业务员的时间，以确保上述目标的实现？
- 团队开发在你的组织里扮演什么样的角色？
- 管理新业务员的五大活动你现在进行得如何？
- 你会考虑改变什么来强化你对新人的训练吗？

建议下列书籍可作为这部分的补充阅读：

- *Value-Added Sales Management* by Tom Reilly
- *Why Salespeople Fail* by Roy J. Hartmann

第 12 章　激励资深业务员

> 可以激发热诚的事情只有两件：第一是具有强大想象力的梦想，其次是一个让这个梦想成真的明确计划。
>
> ——阿诺德·汤因比（Arnold Toynbee），19 世纪历史学家

激励资深业务员需要许多策略的组合：热情地教导传统可靠的销售技巧；改进他们的客户开发技巧；监控他们的时间管理情况。在你计划将最棒、最聪明的资深业务员擢升为经理人时，绝对会对他们产生极大的激励作用。

在早期的管理职务中，我发现识别与磨练信心的技巧对于激励业务员是一件相当重要的事情。

在我成为业务经理的第一个夏天，我在大学暑假开始的时候招聘了两名都叫吉姆的新人。和这些同事相处的前几天，我刻意提到他们担任经理的机会。也就是说，吉姆·班德和吉姆·瑞丁刚刚进入暑期销售领域时，我很快就给他们一个升官的梦想。到 7 月中的时候，两位吉姆都成为业务经理，并且在暑假期间就有了自己的小团队。这件事至今仍让我印象深刻：如果我积极鼓励业务员进入经理阶层，我不只是获得更多的经理，也可以让他们更快地招聘到自己的业务人员。带领两位吉姆及早进入管理阶层，就如同我自己的事业也是建立在快速升迁的基础上一样！

如果你希望业务员留在这一行业的时间久一点、效率更高一点，就必须训练并激励他们。如果对他们放任不管，他们就会越来越消沉。事实上，绝大多数的资深业务员需要比自己所以为的更多的协助。在这一章及接下来的三章，我们会向你提供一些训练工具，让你可以去培训与激励不同的业务员。

“训练”这个词强调的是技术转移，而重要性更胜于训练的是“销售训练实务”，做到这一步，才能将内容丰富的训练转化为激励资深业务员产生“我可以更努力、更长久及更有效率地从事这份工作”态度的活动。

哲学家伏尔泰（Voltaire）曾经说过一句名言：这是所有可能的世界中最好的一个。我的问题是：在所有可能的销售世界中，什么是可能的?思考下列销售训练目标，里面包含了一些技巧。

- **提到升迁机会**。利用所有的培训练习，让大家联想到未来晋升管理阶层的可能性。
- **促进结合与团队的建立**。以这种方式来进行训练，可以协助建立一个凝聚力强的团队。不妨将训练场所移到教室外，如公园、你家里、饭店的会议中心等，或者你也可以租一艘船，让大家在船上享受半天的美好时光。总之，就是去创造一个既可实现训练目标又能让大家愉快的氛围。
- **强化动机**。所有训练的基础就是动机。你一定要记住，训练的目的是要让你的“学生们”做些事情来产生业绩。业务人员都会渴望参加一些和销售有关的研讨会，他们非常愿意付钱去学习如何赚更多的钱。如果你的业务代表拒绝受训，这可能意味着他们认为你的训练无法激励他们，或是只会浪费本可以用于销售的时间——换言之，会让他们因此少赚一些钱!
- **培养主动进取的精神**。不要指定业务员做些什么，而是向他们提供一些演示与开发技巧，让他们自己选择。你越是尊重业务代表，就表示你对他们作出正确决定的能力越有信心，这么一来，他们对你的忠诚度也会越高。

- **建立自信心**。我们都知道，要成为一名伟大的销售大师，重要的不只是技巧，更是销售过程中所抱持的心态。正面的赞扬通常比指正错误更为重要。
- **增加持续销售的能力**。最好的情况是你的销售团队都迫不及待地参加训练课程，因为他们知道这可以帮助他们成为更优秀的业务员。
- **有趣一点！**让你的教室充满笑声与音乐。这并不是说所有的训练都要具备娱乐性质，而是你要尽量提高训练的趣味性。
- **让资深业务员感到特别**。“我遇到了问题，需要你的建议。”我有两位良师益友经常会对我说这句话，你们认为我会有什么感受？训练课程不只是向你提供一个公开肯定业务员的场所，同时也让你有机会要求与接受有用的帮助及建议。
- **引发改变**。你可以以下面这段话为开场白：“训练的目的是要帮助你改变你正在做的某些事情。如果你现在已经把每一件事情都做得非常完美，可能就没有必要来受训。在学校里，我们研修课程，学习的成功与否通常是通过测验来反映的。而业务训练不只是一种知识上的练习，虽然我会希望在这个方面可以带给你们一些新刺激，但训练的真正目的是要你有所行动。”

  特定的训练课程尤其需要强调改变，例如新产品、新的销售竞赛规则、新的引导性营销技巧，等等。总之，所有的训练都和改变有关。通过这样的改变，希望能够增加大家开发客户的时间，以及提升成交率。也就是说，我们的任务就是要带着大家朝着更高境界不断迈进。
- **促进个人的成长**。现代人大都强烈渴求知识，而刺激性与目的性的训练可以活跃大脑的运作。我们多数人都会在学习过程中发现乐趣，这样的乐趣是超越增加收入等现实考虑的。

当你充分理解上述这些训练所能带来的可能性之后，你就可以创造出一个吸引资深业务员来参加训练的环境。

自我评估

- 你的训练目标是什么？
- 你有多渴望业务员衷心期待参加你的训练课程？
- 你如何将所有的可能性整合到你的训练规划当中？

以下书籍或许可以帮助你采取另一种方法来训练业务员：

- *Who Moved My Cheese*? by Spencer Johnson，M. D.
- *Life Is a Series of Presentations* by Tony Jeary

第 13 章　让你的课堂技巧更生动

> “教导”永远不嫌迟。你要教导任何人任何事情都是可能的。
>
> ——史蒂夫·艾伦（Steve Allen），作家

销售培训的讲师应该属于“娱乐”事业。从事这一行，我们必须要具备传达强迫性信息的能力，迫使大家把注意力放在我们身上，并且以最能加深大家印象的方式授课，让听众上完课之后，大有斩获，并进一步呈现更好的表现。作为销售训练讲师，我们应该把上课当成“作秀时间”！下面这则故事就是最佳例证。

很多电影的内容涉及大家所羡慕的明星生活。如《星梦泪痕》（*A Star Is Born*）、《矿工的女儿》（*Coal Miner's Daughter*）、《爵士歌手》（*The Jazz Singer*），以及近期的《芝加哥》（*Chicago*），这些电影都是在描述明星们第一次站上舞台之前的磨难历程。

故事的发展经常出现一个场景：在明星上台前几分钟，观众们充满期待与渴望，同时也等着评判即将上台的人。表演者则充满焦虑地站在后台，直到最后一分钟都还在整理头发、化妆与换装。就怕一上台就会忘词、走错台步，更可怕的是看到大批观众向出口走去。到了关键的那一刻，就在他即将上台之际，我们看到他的行为与态度出现 180 度的转变。布幕拉起，观众们屏气凝神，聚焦于站在舞台上由灯光、音乐与掌声所烘托的英雄。表演正式开始！

就算是国际巨星也无法演独角戏

无论你是一个多么能干的讲师，最好还是由2～3位讲师来负责不同的部分。由不同的讲师轮流上课是比较聪明的做法。当我在20世纪80年代抵达英国担任大英百科全书的训练总监时，我的第一个任务就是单独执行三天的新人基本训练。我非常投入这项任务，受训人员也给我极大的肯定。但当我和4位伦敦的业务经理分担训练课程之后，情况还是比自己独挑大梁来得好。而且这些新业务员终究会被分配到4位经理当中的某一个团队，这么做还可以让大家提早认识自己未来的老板。更重要的是，这4位经理似乎都下定决心要比其他人更热衷、更投入，良性竞争的结果让大家都更卖力。这样的训练安排获得许多好评，新人也因此对大英百科产生一个好印象：这是一家有许多专业管理人才的大公司。

四处走动并放大音量

环绕着教室边走边说，利用语调的抑扬顿挫来提高音量及强化注意力，偶尔走到受训者身旁，让他们的目光跟随着你的身影。只要你不断地移动，他们就可能不会打瞌睡。

不妨注意大卫·莱特曼（David Letterman）、杰·雷诺（Jay Leno）、汤姆·伯考（Tom Brokaw）或比尔·奥莱利（Bill O'Reilly）等人的发音，声调上的变化可以让训练更有趣味性，同时强化听众对内容的印象，这一方面会提高业务代表继续受训的意愿，另一方面也能提升他们对于你所强调的重点的记忆。

练习可以让听众保持清醒

问问学员“谁上过有氧舞蹈课”。一般情况下，至少会有一个人举手，这时你就可以请他带领大家进行两分钟的有氧运动，以提升每个人脑中的含氧量，并促进血液循环。

午餐之后，我喜欢小睡片刻，大多数的受训者也是如此。不幸的是，我们没有这么多奢侈的时间。面对这种情况时，你不需要强迫自己在午餐时间喝一杯咖啡来对抗下午的睡意，相信我，餐后进行一点活动效果会更佳。

另外一种“提神”的方法就是要求每一个人移动桌椅。如果你一开始是将桌椅排列成 U 形上课，就把它改为直排。总之。运动身体是让精神保持清醒的最好方式。

利用道具

帮自己安排一个讲台，把自己想象成一个演艺人员，而受训员工就是你的观众。讲台上备妥各式不同的道具，这有助于激发他们的想象力。上课使用的道具越多越好，包括幻灯片、投影片、白板和挂图、不同颜色的白板笔、可以书写的纸张、录像机、海报，等等；此外，制造特殊效果可以让上课气氛更活泼，并提升业务员继续受训的比例。

以下是你使用幻灯片进行演示时的一些小技巧：

- 尽管这是一种非常好用的工具，但还是可能让人昏昏欲睡。不要逐字朗读幻灯片上的文字，你怎么读都不会比你的听众自己看来得快。
- 以条列方式书写，并将你希望听众记住的关键字列在上面。把关键句子写在前面的墙壁或屏幕上，可以让自己及听众们锁定演说的核心。
- 如果训练的目的是要一起执行某项任务的话，你可以把细节都写在幻灯片上，并尽可能在一页的空间当中写上所有信息与规则，让他们可以一目了然你要指派的任务。
- 如果你希望听众详细记笔记，就提供一份书面大纲给他们。

视觉效果的制造不一定只有幻灯片或白板，还包括录像带、装饰墙面的海报、实品，等等。如果你需要更多灵感的话，不妨参观小学的教室。所有的墙面都可以加以利用来强化教学信息。我参加过一门美国管理机构的“教育训练讲师资格训练”课程，在“鸭子与老鹰”训练课一开始的时候，我都会先拿出橡胶鸭子和小型的老鹰塑像。另外，我有位老同学喜欢在课堂上准备各种尺寸的漏斗，来证明建立一个团队是一件混合业务员与潜在客户以获得订单的事情。只要漏斗越大，你就可以拿到越多订单。使用这些道具，效果绝对比你干巴巴地说“直销是一种数字游戏”好上许多。

一张清楚的人口统计表可以明确地显示出，在你的销售领域中还有许多潜在客户等你去开发，这种方式可以轻易对比出中间的差异有多大！“还有非常多的订单等着你们去拿！”把统计表挂在墙上展示，这可以不断地提醒大家：今天受训的目的就是要找到更多的潜在客户。

互动式教学

尽可能让参与训练的人员多做一些事、多说一话。尽可能缩短自己说话的时间，让教室里的人有机会多说一点。

累积多年的培训经验后，我们发现集合所有受训成员既有的知识，就可以提供我们很多的课堂教材，但关键在于你要让他们有机会说出来。所以，不要直接告诉大家销售管理最重要的十个特质是什么，而是问问谁愿意提供自己的答案，相信结果会比你自己一个人说还要好。

尝试各种不同的互动模式，最简单的方式是请受训者在白板或海报上写下他们的想法。虽然过于频繁使用这种方式会让人感到沉闷，但光是这样就好过你自己从头说到尾。以下提供大家一些有效的互动模式：

辩论赛

虽然我认为一开始的招聘面试就要让新人知道，公司会给他们提供担任经理人的机会，但有些业务经理认为应该在新人累积到一定数量的订单后，再跟他们讨论管理的可能性。我对于这样的延迟颇不以为然。后来我发现要让大家同意这一点，最好的方式是让业务经理针对这个议题进行辩论，这么做的效果好过于我努力说服他们的演说。

原则上，正反双方各以三人为一组，每一方的第一位发言人提出立场，第二位发言人提出抗辩，第三位总结自己这一方的主张。让每一个人都有机会成为参与论辩的主角，或是某一方的智囊团，然后由一位受训新人负责控制时间。越多人参与这个活动，趣味性就越高。

根据我们的经验，关于“什么时候是介绍管理机会的最佳时机”辩论赛，绝大多数的结果都是“越早越好”。

分组活动

把成员分成3～5组，针对一个特定主题进行讨论与报告。举例来说，你可以举办线索生产新点子大赛，要求每一组提出五个方案。或是要求每一组设计1～3个小型的奖励金竞赛，内容包括简单的规则与奖品。让每一组有7～15分钟的时间进行讨论，然后选出一位代表上台报告。

这种脑力激荡的方式可以帮助业务经理提出更多招聘策略，而不是只在报纸上刊登广告。当然，你也可以从自己的经验或本书第15章提出的一些方法来跟他们分享。这些受训新人当中一定有些人在上课之前就已听过这些方式，所以何不让他们自己提出另类的招聘新招？这么一来，要求他们将这些计划化为行动就会容易许多——这是他们自己的点子，不是你或其他大人物的计划！

刻意安排受训人员和平常没机会共事的人一组。如果每一组有4个人，那么第一个人是第一组，第二个人就第二组，其余以此类推。然后指派第一组聚在一起执行某一任务，其余各组亦然。你可以不断调动每一组的成员，让所有人通过一次又一次的小组竞赛，有机会和不同的人一起工作。

你要注意座位的安排，务必要让受训新人可以很快地围成一个小组，U字形的座位并不利于分组活动，如果把桌子排成一列，在每两列中间留下可以行走的空间，这样的安排会比较恰当。另外，圆桌也是不错的选择。

准备各种不同颜色的笔，并且备妥足够的活动挂图，方便大家进行脑力激荡。

分　享

“你所遭遇过的最大挫折是什么？”——让每个人都有机会对着大家诉说自己经历的方法很不错，但一方面时间可能不允许，另一方面有些人无法连续听十几个人分别花5分钟说自己的故事。但如果分成3~5组让他们进行小组分享，效果就会很好。其他可以进行心情分享的主题还有：

“你生命中最重要的目标是什么?”

“除了报纸广告，你有什么有意思的招聘故事可以告诉大家?”

“你所遭遇过的最大成交挑战是什么？你是怎么克服的?”

画　图

几年前，我请同事赖瑞协助业务经理设计公司的使命概念图。他要求我们分组，并以绘图方式表达我们所认为的公司使命。当时一片混乱，没有人知道该怎么做，不过，在大家共同努力之下，每个小组还是提出了一份图绘的公司使命，然后由一位代表负责说明。在一开始的时候，大家都觉得自己做不到，但在所有小组成员的通力合作下，都能呈现充满活力的使命图。

秘密投票

“业务员一个星期应该要花多少时间对顾客进行销售演示?”——提出这类问题并进行调查或投票，这样通常可以引发热烈的讨论——什么才是合理与可能的答案。而且通过这样的讨论，大家可能才会惊觉：只要增加20%的销售时间，就可以增加20%以上的收入。

其他适合拿来秘密投票的问题包括：

“你上星期进行了几次销售演示？有多少次有人在现场观看你的演示?”

“过去3个月当中，你进行过几次招聘活动?”

“你多久招聘一次业务新兵?”

“订单中有多少百分比是来自于业务员个人努力得来的线索?”

你可以在训练时经常进行秘密投票。当你感到大家对于某一个主题有不同的意见，或是你想要知道大家的想法时，就立刻进行投票。秘密投票相较于公开投票或举手表决，可以让你获得更正确的信息，又不会让大家感到尴尬。训练的目的是让业务员从“这里”进步到“那里”，这种方式有助于你知道“这里”的位置。

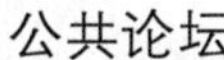

公共论坛

对于有经验的业务员来说，一个有趣的训练一定要包含公共论坛。其运作方式如下：

- 由管理人员选择一个一般性的主题，例如，我们如何在一年内增加20%的销售额？
- 受训人员围成一个圆圈坐下，圆圈的中间备有大量纸笔。
- 要求每一个人写下一到两个受训期间想要讨论的主题。
- 培训师或主持人利用一张大表格列出各种不同分类下的点子。
- 每一节课的小组领导人通常就是提出这个主题的人。
- 每一节课约60～90分钟。
- 同一时间可以有2～4个公共论坛同时进行。
- 每一个人可以自由选择他有兴趣的主题，也就是他必须放弃当中一个以上的讨论课。
- 每一节讨论课要寻求自愿者负责记录工作。

讨论主题没有任何限制。通过这类练习，经常可以协助整个团队更加团结。此外，你还可以通过这个练习设计出一份提供给新人的三天培训规划，创造一份可以产出更多地方性线索的计划书，修正每一年的招聘活动，以及提出可以刺激业务的销售竞赛（包括竞赛规则与奖励办法）。这些讨论课对于资深的管理人员也可以产生很多有效的建议，例如当中经常被提出给管理人员的建议是“陪同业务员到销售现场”。

当然，这类练习必须要转化为具体行动。你可以直接指派各组主持人负责各项行动计划，例如业务奖励竞赛、新人培训、重要员工培训，等等，并在90天后召开验收会议，评估执行成效。

利用录像设备

口袋般大小的数码录像机可以让训练讲师变成导演。多数讲师会录下业务代表进行演示的实况，让业务员事后可以观看自己的销售表现。你也可以把自己上课的声音录下来，反思自己的表达方式。

你可以将优秀业务员的演示方式录下来作为教材，毕竟我们在教室里模拟的销售情境和真实情况是完全一样的。不过，录制销售演示现场的方式有对有错，我们先从错误的方式说起。

几年前，某位业务经理的朋友列在公司线索中，当毫不知情的业务员拜访这位"潜在客户"时，他的销售过程全被暗中拍下来。后来，这位业务经理在一次全国会议中把片子播放给大家看，所有人都相当惊讶，当然包括业务员本身。大约一年后，这名业务员因为其他原因离职了，但我一直怀疑他的辞职和"偷拍事件"有关。后来，他控告公司未经他同意持续使用这卷带子，要求公司支付相关费用。经过几次协调之后，公司决定停止使用这卷偷拍的录像带。

现在再来谈谈正确的方式。这个主意——拍摄明星业务员的实际销售过程——很不错，但如果你想把它作为工具，进行之前一定要知会对方。告知你的业务员在未来几个月里，提供给他们的线索中会有一些是"特殊的"潜在客户，这些潜在客户当然也是真正有需求的人。所以，只要业务员具有高明的成交技巧，对方同样会下订单。

隐藏的摄像机能够如实记录销售对话，因为业务员从头到尾都不会知道它的存在。发表声明之后，不希望成为"影片主角"的业务员可以主动提出，无须担心会有什么不良后果。记住，在你播放录像带之前，先请被摄影的业务员签下授权书。

以下是在训练课程中应用录像带的其他方式：

- 一套有助于新人的标准销售演示。
- 一段来自于大老板的欢迎信息。
- 大老板介绍新措施或新产品的信息。
- 介绍业务线索系统的特点，请公司里以线索生产闻名的业务员说明自己的经验。
- 终结与克服阻碍的竞赛。你可以让业务人员进行竞赛，由观众投票选出最佳的回应方式，优胜者可以得到奖品一份，而所有的业务员手上都会有这卷由这位优异业务员演出的"克服战术录像带"。

问问自己："我所要教导的销售与管理实作中，最重要的是哪些？谁在这些方面表现最出色？"例如，某些业务经理似乎比较清楚如何通过摊位销售取得订单，那么，何不要求表现最好的人来配合拍摄教学示范带？

鼓励角色扮演

业务员可以找一位听众来练习销售演示，包括反驳对方的借口。如果你是一位野心十足的业务经理，不妨找你的老板或另一位业务经理练习招聘面试。

让受训人员练习与模拟销售演示，会比只是坐在那儿听讲有趣得多。把他们从静态的听众转变成动态的表演者。提供给扮演潜在客户的人一张评分表，帮对方的销售演示练习打分数，评分的重点放在热诚、微笑、眼神、肢体语言、发音及语调上。此外，你可以要求扮演观察者的人列出他注意到的三项优点，改进之处只要列出一项即可。

鼓励大家多看书

《思考致富圣经》、《让鳄鱼开口说人话》[*How to Win Friends and Influence People*，戴尔·卡耐基（Dale Carnegie）著]、《天地一沙鸥》[*Jonathan Livingston Seagull*，李察·巴哈（Richard Bach）著]及《与你在巅峰相会》，这些书籍都是任何一个想要在这个产业中出人头地者必读的经典之作。近期的经典则包括《谁动了我的奶酪?》、《高效能人士的七个习惯》[*Seven Habits of Highly Effective People*，史蒂芬·柯维（Stephen Covey）著]，以及杰克·韦尔奇（Jack Welch）的《韦尔奇自传》（*Jack，Straight from the Gut*）。此外，彼得·德鲁克撰写的任何一本书籍都可以让读者把管理实务做得更好。

你可能有一本自己最喜欢且对事业大有帮助的书，不妨把这本自修书籍推荐给组织里的每一个人，作为阅读习惯养成的起始点。为了确保受训新人都看过你推荐的书，你可以举办一个阅读心得分享会。这样的口头分享报告还可以协助大家练习公开说话的技巧，这一点对于业务管理人员相当重要。

在阅读心得报告的时候，听众扮演着相当重要的角色。我们同样要发给他们评分表，以10分为满分，1分为最低分。通过以下列标准来衡量公开演说与报告的技巧：

- **声音**。进行心得报告的业务员如何运用声音的抑扬顿挫来吸引听众的注意力？
- **眼神**。演说者是否和教室里的每一个人都有眼神接触？
- **肢体语言**。演说者如何运用肢体语言来强调重点并吸引大家的目光？
- **视觉效果**。演说者的视觉效果是否专业？要求演说者在进行报告时，至少使用一种以上的视觉效果。
- **内容**。演说者是否能够根据听众的工作性质来摘要作者的主要论点？

除了上述各点之外，在评分表上预留空间，让“评审”写下其他意见，可以是正面的鼓励，也可以是有待加强之处。这种评分制度不只可以让听众有事可做，也让每个人去体会一场演讲应该具备什么特点。

如果你想加入一点竞争精神，可以加总这些评分，颁发奖项鼓励分数最高的三名演说者。

要记得把评分表交给演说者，这样他才能得到真正实用的回馈。一般而言，我会把是否要在评分表上签名这件事留给评审自己决定。

指定书籍的基本方式有两种：

- **你的书**。指定一本你自己最喜欢的书，给大家提供一个共同的观点与共享的词汇。或者是，你可以同时提供几本自己喜欢的书籍，让受训人员从中选择。
- **他们的书**。把选择权交给受训人员，你只要负责制定一个选择的标准，比如著名领导人的自传或和领导管理相关的书籍。

如果在你的每周汇报中安排一个读书会时段，让某位业务员引导大家讨论某一本销售或管理书籍中的一个章节，能让会议产生有趣的转变。有些业务经理会另选一天举办自愿参加的读书会。

利用家庭作业来加强书里的主要观点。比方说，杰克·韦尔奇对于成功管理中“热情”所扮演的角色有一些明确的想法，因此，你可以提出一些要参与者回答的好问题，比如，“杰克·韦尔奇所定义的热情和我们公司有什么样的关连性?”

利用个案研究

个案研究通常可以引发热烈的讨论，而且经常可以让参与者提出更好的管理方式的结论。

在撰写个案研究时，你可以以更具创意及更有趣的方式来呈现。比方说，你可以描述一个明显存在问题的案例，但在进一步的探索之后发现其他的困境。我们以下面这一段文字为例：

> 安·贝克是一名新上任的业务经理，她通常会在早上8点45分进办公室，开始一整天的事务。她也是最晚回家的人，一般都是晚上10点到11点之间才会离开。她固定在每个星期二到星期五的早上10点至下午2点进行新人训练，并且在每个星期一进行3小时的业务会议。因此，安有许多必须按时进行的准备工作。在此同时，她还花很多时间和业务员进行个别谈话。可想而知，她的个人销售量在升职之后大幅下滑。团队销售停滞不前，而安也无法再容忍这种疲惫的生活方式。

这个个案给我们提供了很多讨论的空间。一般而言，针对这个个案的讨论通常会有个结论：安的个人销售或是对手下业务员的销售观察应该比在办公室谈什么是销售来得重要。但进一步探讨之后则会发现分责与体力耗尽的问题。谁应该负责这些文书工作？安应该自己一个人负责所有的训练课程吗？你可以从一个单一个案来讨论很多的管理实务问题。

严格要求业务员在训练课程开始之前及结束之后完成所有的作业。以下是一些训练课程开始之前你可以先指派的作业范例：

- 列出你所阅读的书籍中最重要的三个论点。这么做可以提高他们在受训课程开始前确实阅读书籍的几率。
- 计算不同业务线索计划生产一个线索所需要的时间与成本。
- 分别找出三位你应该在他们身上花更多与更少时间的人。
- “加入公司之后，让你印象最深刻的事情发生在什么时候?”

训练课程之后和之前的家庭作业最大的不同点在于：以行动为基础。训练的最大目的就是要他们去执行训练前不会去做的事情，或是执行一些他们可以做得更好与更常做的事情。以下是一些训练课程之后可作为家庭作业的范例：

- 在有关动机与业务竞赛的训练课程之后，请他们规划“新的开发客户竞赛”。
- “设计小组领导人发展规划大纲”，这样的作业在管理发展课程之后特别适合。
- “写下两个在未来30天内你会授权的管理活动”，这项作业很适合在“授权与分责”课程之后。
- “写下你的前五大顶尖业务员的第一个终极目标”，这个作业可以在“如何激励业务员”课程之后提出。

你的想象力当然可以激发出许许多多很棒又有趣的家庭作业，但记得一定要把焦点放在你的训练主题，以及把目标锁定在确保让某些事在训练之后发生。

“示范和执行”业务线索生产活动

“示范和执行”训练活动包含五个步骤：

1. **准备材料**。无论线索生产计划的内容是什么，确认整个小组需要的东西都已准备好，并且有足够的分量。

2. 教导（30分钟）。回顾过去每一个小时的活动可以产出多少线索，然后进行实地证明。
3. 练习（30分钟）。监看这项技巧的角色扮演练习。当然，如果这个业务线索生产计划是悬挂吊架之类，就不需要这项练习。
4. 执行（2～3小时）。带着你的小组到现场放置免费取阅架、到小型企业发送海报、敲门拜访，或进行任何活动。
5. 事后分享（30分钟）。在活动之后立即进行，回顾发生过的一切。大家聚在一起说说自己的经历，通常可以对其他业务员产生激励作用，并学习大家的优点，在下一次活动时加以应用。

自我评估

- 你是否有随时可以进行的训练计划？你可以让自己的训练课程更有趣吗？
- 你是否能让训练课程所传递的信息更有意义？
- 这一章提到的训练技巧中，你使用了哪几项？
- 未来90天内，你会在“知识库”中加入本章提到的哪些技巧？
- 你会在训练课程之前与之后指派什么类型的作业？
- 你如何在训练课程中应用录像带？
- 你如何把幻灯片演示及其他视觉效果做得更好？

下列书籍可以协助你进行更有趣的规划：

- *The Sales Training Handbook* by Jeff Magee
- *The Big Book of Humorous Training Games* by Doni Tamblyn and Sharyn Weiss
- *The Trainer's Tool Kit* by Cy Charney and Kathy Conway
- *The Fun Factor* by Carolyn Greenwich

第 14 章 利用外场会议的威力

> 我会努力工作并随时做好准备，等待机会来临的一天。
>
> ——亚伯拉罕·林肯（Abraham Lincoln），美国第十六任总统

当你回顾所有训练的可能目标时，具有活力及趣味性的训练机会就会大增。有时候，场地的转移是必要的刺激，因为这能传达出某些特殊事情即将发生的信息。你有三个离开办公室的机会：

- 创新的会议场地。
- 密集训练的度假场地。
- 第三方训练的奖金。

下面这段文字将说明如何在活动之前与之后，通过具有想象力的方式来强化“这是个重要会议”的信息。

> 我们每一年都会定期举办英国地区的业务会议，这是个具有重大意义的活动。因此，我们决定自我挑战，刷新过去10年的业绩表现。前一年的会议在伦敦的希斯罗机场旅馆举办，选择该地点纯粹是方便考量。这一次我们选在莎士比亚的出生地史特拉福，因为我们期盼这是一场“复兴会议”。在这次的会议中，我们决定采用新的佣金制度，引进海外销售竞赛，并提出全新的招聘与业务线索生产方式。
>
> 白天开完会之后，到了晚上有些人会沿着中世纪的乡村街道散

步、到莎士比亚时代的酒吧喝杯小酒，或只是站在河边丢鹅卵石。会议结束后的18个月内，我们的业绩提高了一倍。该次会议不只成为一个值得回忆的活动，而且是定义一个新销售时代来临的共同的珍贵记忆。

如果我们当时仍是在机场旅馆举办会议，可以达到这样的效果吗？或许行，或许不行。

这世界的每一个地方都可以是有趣的场景，只要你的想象力够丰富，很多地点都能创造意想不到的效果，更重要的是可以让大家放轻松。

提供有活力的训练场所，可以大幅激励你的业务代表，他们将能在受训过程中顺利充电，重新整装待发，将自己的计划付诸行动，并以不同的角度看待原来市场上的阻碍。

我曾在泰国北边举办过一场高层经理人训练计划，当时这个计划的目的是阅读史蒂芬·柯维的《高效能人士的七个习惯》。当我们搭乘巴士抵达某一地点后，就要爬上前往下一地点所需的四条腿交通工具——大象，然后穿越一片又一片的原始丛林，接着又自己动手制作由竹竿、管子等组合而成的木筏，搭上小木筏顺流而下，历尽千辛万苦终于来到我们的野营地。

隔天我们开始读书计划，由各小组分别负责报告并讨论书中的一个章节。训练过程中，我们设计的很多活动都需要团队成员彼此的信任与合作才能顺利完成。

第二天下午，我们将生米、生菜、活生生的鸡及其他材料交给业务经理，要求他们备妥晚餐。想想那个画面，有些人必须负责处理那只鸡才行。这一餐的菜色未必称得上可口，但是整个团队合作无间才是最令人称奇的。而这一顿晚餐势必成为他们永恒的美好回忆。

另外还有一次，我们在马来西亚的沙巴（Sabah）举办一场生存训练。所有的人都是由直升机送往指定地点，然后给他们24小时找到野营本部。虽然我们也可以开车前往指定地点，但直升机可以增添“特种部队”的效果。我们还请了几位当地向导和团队同行，以确保每个人都会平安归来。这次训练的指定读物是斯宾塞·约翰逊的《谁动了我的奶酪?》。

我们还举办过泛舟、高空弹跳、攀岩等其他能给参与者冲击与刺激的活动。尽管这些极限运动都是众所皆知，但令人意外的是，多数业务员从不曾尝试过。

除了骑大象之外，我们很容易找到进行这类活动的场地。利用 Google 这类搜寻引擎，任何一位业务经理都可以找到能够提供团队乐趣及美好经验的方式。

外场训练还能实现下列特定目标：

- **培养良好关系**。你是否曾经感觉到自己没有足够的时间和业务代表建立良好关系？外场训练可以向你提供大好机会去发现你的团队成员究竟在想些什么。
- **创造凝聚群体的记忆**。以冒险为基础的销售与管理训练，可以创造出永久的、共享的团队记忆。他们会将你的领导才能与戏剧化的记忆联系在一起。
- **牢记信息**。戏剧化的训练过程会创造难以抹灭的印象，达到强化训练使命的效果。参加者不只会记得过程中的英勇事迹，也会对你的训练目的有更深刻的印象。
- **降低流动率**。共享的独特经验会建立家人般的情感。离开你的家人远比辞掉一份工作困难得多。
- **为可能的争吵打预防针**。团队活动能够降低因彼此个性不同而引发的不和与冲突。
- **化解冲突**。一个业务团队可能因为性格差异造成的冲突而分裂，销售业绩也会因此下滑。原本大有可为的团队，可能因为激烈争执而告终。尽管这类问题相当棘手，但有时候通过训练活动可以自然地化解冲突。比方说，在一次海外活动中，两位互不交谈长达两年的业务经理在讨论过某本书的某一章节后，开始产生一些和解的迹象。在我的训练计划中，这类意外的和解已经不是新鲜事，我甚至可以预期这类事情的发生。
- **让每一个人有共同方向**。长期的训练可以提供时间与平台来发展和推销领导人的愿景。

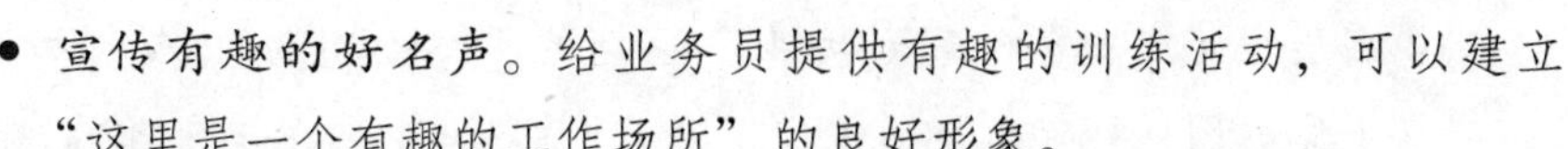

- 宣传有趣的好名声。给业务员提供有趣的训练活动，可以建立“这里是一个有趣的工作场所”的良好形象。
- 促进与加速变迁。在一个休闲环境中提出的变革计划更能得到团队的认同。赏心悦目的美景能提供一个没有压力的环境，让你比较有机会成功完成转型目标。

你会发现，通过度假风格的训练方式，可以解决长期困扰你的老问题：“我该如何激励业务代表?”

这样的训练方式当然不只在于制造回忆，最终能否通过训练增加销售额才是关键。所以，你应该以受训后的业绩来评量这类训练是否成功。

安排休闲训练场地

如何结合训练目标及可行的地点与时间，你必须考虑下列事项：

- 务必理清外场训练目标。你希望团队在接下来的训练中完成什么？
- 结合奖励性旅游计划和经理人发展计划。不妨提早一到两天到达目的地，这么做可以让你在销售竞赛中胜利的团队来到之前，先举行一到两天的领导人发展研讨会。
- 规划训练活动与年度销售会议的时间，以达到最高销售业绩的目的。有些公司会把受训与会议时间安排在会计年度的开始或结束之际，这样的安排合理与否，得视在这个时间点是否一定比其他时候能增加更多销售额而定。
- 提供清淡的高能量食物。高糖分的点心及重口味的午餐肯定会让大家昏昏欲睡。
- 宣传你的外场活动。不妨在办公室四处张贴色彩鲜艳的海报来大肆宣传，这么一来，参加者会因为视觉上的提醒，时时想到即将到来的目的地。
- 进行“打败老板”竞赛。对于那些因为表现相对落后而无法参加活动的业务员，你该如何鼓励他们？在此向你提供一个方法：以高层主管或业务经理过去4个星期的平均业绩为基准，如果表现不佳的团队能超过这个基准，他们就赢了。你可以赌他们能不能增加25%或50%的业绩，就算你输掉这场比赛，但仍然赢得这场销售战役。

外场训练并不是你所能提供的唯一训练活动。你也可以提供奖金，让业务员自己去参加海外训练。今天我们都很幸运，因为有卡耐基、美国管理协会（American Management Association）、汤姆·霍普金斯、杰弗瑞·基特玛、布莱恩·崔西（Brian Tracy）这些人与机构的协助；此外，神奇的金克拉、具明星风采的安东尼·罗宾斯（Anthony Robbins）等人的课程也都非常值得一窥究竟。让你的业务员知道，你对这些计划的高度评价。设定赢得全额或部分奖金的标准，好让他们有机会去参加你所信任的激励性或销售训练课程。

现今有很多享有盛名的训练讲师举办远距离研讨会。不妨上网浏览一下你欣赏的讲师的网站，看看有没有你们可以参加的研讨会。在网站上注册并要求对方定期寄发免费电子报，你也可以到我的网站看看，上面就有一张销售与销售管理的训练课程大纲。

我在20世纪90年代及之后连续11年的业绩成长，大多数要归功于定期举办的外场训练活动。我很怀疑如果没有这些课程，自己是否能在短短十年间将年销售总额从5000万美元提升到2.5亿美元。我相信，能够支持明确目标的外场训练是销售成长的重要引擎。

自我评估

- 你是否曾经举办或参加公司度假活动？结果如何？
- 你能否具体想象自己要如何准备一个把业务团队推向更高峰的度假活动？
- 你要在哪里举办？
- 本章所提到的外场训练优点，有多少适用于你的业务管理方式？
- 你要进行一天或两天的度假活动时会采用哪一类的主题？要如何

去组织?

- 如果你要在一个有趣的地方举办度假活动，你的业务团队会有什么反应?
- 你的资金来源?
- 在你过去的经验中，目标明确的度假活动有没有增加销售业绩?

下列书籍能够协助你对于“训练”有更多元的想法：

- *Six Thinking Hats* by Edward de Bono
- *Straight from the Gut* by Jack Welch

第 15 章　召开让人惊喜的业务会议

> 一台电脑对它的主人说："我的配置可以升级，你呢？"
>
> ——《纽约客》杂志卡通

面对现实吧，"会议"这个名词通常不会让人联想到惊喜。唯一可以让业务员参加会议的理由是：他们发现出席会议可以帮他们赚更多钱。否则，把时间花在销售活动上应该更有意义。如果最后还得以祭出罚金的方式胁迫业务员参加受训，就表示他们过去的经验实在不怎么样。相反，业务员却非常乐于自掏腰包参加安东尼·罗宾斯的会议，因为他们预期自己可以在参加会议之后赚回比学费更多的钱。你看到以下这段趣闻，想想如何把你招惹民怨的会议转变成最优异的伙伴。

业务经理莎利·卡尔森对我说："罗伯这个人总是让你又爱又恨，他是业务员当中标准的明日之星，但在我的会议上总是迟到，而且一来就抱怨老半天，然后提出一些莫名其妙的问题。"

我建议她："为什么不请罗伯负责你的下一个会议呢？"

请爱抱怨的人来负责他认为不满的事情，通常可以有不错的表现。在这个例子中，结果也是如此。莎利听了我的建议，结果罗伯不但准时抵达，还带着摄像机现身，并且在会议开始前就将印好的议程放在每个人桌上。他还做足了功课，在演讲课上将竞争对手的优缺点分析得有条有理。有了这次的经验，莎利开始让大家轮流担任主持人的工作。

业务经理的责任是举办能够提升参与者收入的会议，而且要以引发大家兴趣的方式来进行。

如何让你的会议具有良好的效率与生产力，我有 60 个可行的建议。以下我们将这些建议分成五大主题来介绍：

- 心态。
- 议程。
- 会议准备工作。
- 会议开始。
- 会议进行。

心　态

心态就是你举办会议的心理状态。你在这一个业务会议结束之后想要得到什么？你的策略是什么？你在设定议程之前需要决定些什么？

1. **这是你的会议还是整个团队的会议？**首先，你要确认这个会议的对象是业务员，因此，你不应该摆出高姿态。业务会议是要让你知道所有的业务员有多优秀，而不是你自己有多棒。如果你是一名公司外聘的顾问，你该如何对待这些业务员呢？如果业务员可以自由投票表决他们要不要让你继续举办下一个会议，你又该如何安排会议呢？
2. **“如果业务员当中有一人错过参加会议的时间，他会不会有任何损失？”**这是我在检视自己的议程安排时，一定会问自己的问题。我们都希望自己的会议丰富充实，让所有错过的人都有遗珠之憾。
3. **会议结束时安排一些事情让大家去执行。**所有业务会议的主要目的都是让员工动起来。

4. 列出期望表。明确陈述每一个会议的目标，建立自己的主要期望，而你的议程安排就是从这些期望出发。会议期望表一定要包含你当前极力推动的关键事业使命。
5. 会议议程必须包含下列五大关键销售能力：
   ◎ 开发客户的技巧。
   ◎ 销售技巧。
   ◎ 产品知识。
   ◎ 沟通技巧。
   ◎ 个人成长。

从以下这个问题出发："我想以哪一个关键销售能力作为下一个会议的主题?"

6. 在黄金销售期之前安排业务会议，这么一来，当业务会议一结束，业务员就可以立即展开销售或约会活动。
7. 形成惯例。如果在每个礼拜的同一时间固定安排周会，出席率与效率都会提升。

议　程

接下来是关于会议的内容大纲，也就是议程安排。

8. 展现你的专业素养。你当然可以没有议程设计就进行会议，但如果有，你一定可以表现得更好。
9. 要求团队成员对议程表示意见。这个表示尊重与民主的简单举措，可以确保会议是属于"他们的"。你的议程有了他们的建议之后会更具活力。事先的询问不但可以降低他们当场提出意外问题的可能性，也可以合理地在这种事情突然发生时予以否决。
10. 分派部分的议程。要求业务团队负责部分的业务会议，并且尽可能让多一点人来参与。只要是名字列上议程的人，大多数都会在会议时准时现身。你可以考虑使用 50% 的原则：业务经理自己上台的时间绝不超过 50%。

11. **指定会议主席**。你可以试试莎利的做法，指定一个人担任某些议程的主席并主持会议。
12. **让大部分的主题在 10 分钟内结束**。快速的流程可以降低枯燥，我们宁可听到业务代表说："真希望这个主题的时间可以再长一点。"也不要让他们说："噢，拜托，真是够了！"当然，如果是特别重要的事情，当然不在 10 分钟的限制内。
13. **邀请外部讲师**。让业务团队有机会接收到其他资源，这可以让他们的精神更加振奋，并且更用心去聆听新鲜的信息。不妨和其他的业务经理交换演说，或是从其他单位邀请一位备受尊崇的业务员来参加你的业务会议。
14. **以奖励或表扬作为会议的开场**。如果你邀请了外来的讲师，那么就请他担任颁奖人，或是表扬某人的成就。
15. **偶尔安排"炫目的盛会"，也就是我所谓的总公司"街头秀"**。我每一年会安排两次，邀请几位从总公司来的经理（也许是人资部、客服部、营销部或会计部，等等）到我们的业务单位拜访。
16. **邀请客户参与会议**。满意客户的故事分享能激励业务员带着更热忱的态度去工作。对业务员来说，没有其他任何事情比顾客诉说亲身经历，并表达对产品或服务的感激更能达到充电效果。满意的客户有助于业务员确认自身职业选择的正确性。
17. **评价竞争对手的产品**。让团队成员去比较与评估自己公司的产品有哪些地方比对手优异，这么做比你自己去说有效得多。
18. **利用视觉效果**。利用所有可能的工具来强化你要传达的信息，并且在过程中让观众感到愉悦。
19. **邀请金克拉或杰弗瑞·基特玛"出席"你的会议，当然，是通过录像带的形式**。通过影片的画面，可以更生动地传达你要强调的重点。

20. 数据很重要。展示顾客满意度调查的结果，会比你光说“售后服务很重要”有用得多。通过以统计数据来论证事实，可以让业务员更支持与相信你的说法。
21. 利用个案，但只要说一两个就够了。

会议准备工作

就算你已经备妥会议议程，距离确保会议的成功还有一段路，你还有一些事情非做不可。

22. 提前送出议程表，尽管你在会议当天仍会准备一份给大家。事先发送的议程是要告诉大家你已经做好准备，同时，一份主题吸引人的好议程还可以提升会议的出席率与准时到达率。
23. 如果会议时间变更或召开临时会议，需事先告知。在这种情况下，你必须接受同事的缺席或迟到，以表示你是一个体贴的人。
24. 整齐干净的会议室。人们很容易就会习惯邋遢的环境，而且不敢向上抱怨这类事情。当我要求业务经理将办公室打扫干净时，他们通常会为两件事情感到惊讶：第一是我竟然观察到他们从没注意到的地方；第二是打扫后的办公室竟然如此让人感到清爽。
25. 安排座位。这也是业务经理和被指派的负责人必须在会议开始前整理教室的原因。如果桌椅摆设仓促凌乱，就会让人觉得这个单位的组织欠周到。
26. 以“贿赂”来提高出席率。例如，提供免费的公司线索给所有准时出席者；偶尔出其不意地给准时出席者增加竞赛点数。
27. 供应咖啡与点心。把点心时间安排在会议开始前15分钟，这是另一种鼓励准时出席的小贿赂。总之，不用花大钱就可以成大事。
28. 当议程出现具争议性的主题时，先和关键业务员私底下开个会。你必须在会议开始前花时间解除关系人的敌意。让你的主要业务

员提前知道情况，以确保他们知道事情的严重性。

29. **宣传你的业务会议**。你可以学习大卫·莱特曼、赖利·金（Larry King）和杰·雷诺等人在夜间播放电视节目的方式，这些脱口秀主持人会不断“促销”下一段表演有多精彩。

会议开始

30. **让心情放轻松**。一开始先来点音乐，瑞奇·马丁（Ricky Martin）、布鲁斯·史普林斯汀（Bruce Springsteen）或碧昂丝（Beyoncé）等人的歌声都可以带动气氛，鼓舞大家的情绪。中场休息时间也可以播放音乐。
31. **热情有劲**。每一个业务会议都是“表演秀”。如果我们希望自己的业务团队表现得振奋而上进，我们就必须先展现自己的热情与开朗。
32. **放下你的身份当个主持人**。如果不是进行特定的演说，那么你的工作应该是要思考如何筹备一个好的业务会议，而不是展现老板的架势。
33. **适当的穿着依旧奏效**。最棒的业务经理通常也最懂得穿着打扮。
34. **准时开会**。参加者会敬佩你准时开始及按照规划进行。不要让迟到的人决定会议的开始时间，如果你养成了晚 10 分钟开场的习惯，还有什么人愿意准时出席呢?
35. **活动筋骨**。在会议休息时间，或是午餐后才召开会议，这时做做有氧运动或伸展操都可以让精神变好。
36. **会议一开始就先说明重点，结束时再作一次总结**。这个原则就是：告诉业务员你即将要演说的内容，接着开始陈述，最后再进行总结。
37. **让会议持续进行**。在会议开始之后，就把手表和议程表并排放在桌上，并且先取得听众的谅解，说明你会在某人演说时间过长或脱离主题时打断他，这么一来你就可以严格控制时间。通过这样的把关，你就不需要再时时提醒这件事情，因为大家都已习惯你会掌握会议进行的流程。

会议进行

38. **紧盯议程**。无可避免地，你一定会遭遇到可能影响议程的事情，这时你只需要说：“雷夫，这确实是个重要议题，但如果我们希望今天可以准时结束会议，就必须把这个议题留待下个星期再讨论。”或是“今天稍晚，我也很乐意私底下和你讨论这件事。”
39. **以讲故事的方式来强调重点**。以下这则故事是我经常使用的，仅供大家参考。你的业务员是否曾经抱怨过线索的品质？你可以试着这么说：“这让我想起一个监狱暴动事件，暴动的真正原因是这些犯人要求狱方开放看电视时间，但是当书记官问道‘你们主要的不满是什么’时，这群犯人的发言人却说：‘食物！这里的食物糟到令人无法下咽，我们连一秒钟都不愿意再回去。’”
40. **展现自我**。分享个人的故事，让团队成员多了解你，特别是你如何克服障碍的经历，能让他们知道你是如何地坚持才拥有今天的成就与地位。
41. **表现幽默**。在业务会议中最上乘的幽默就是自我调侃，这可以让业务代表看到你谦卑的一面，同时提高大家的注意力。幽默感与笑声可以让会议不再冗长。
42. **为自己和其他演讲者准备一杯水**。这点常识可以避免演讲者说到口干舌燥，他们会感激你的体贴和细心。
43. **让每个人都有参与感**。没有机会说话的参加者会没有参与感。你在提出问题或是找人进行角色扮演时，不要总是只找自愿者。问问团队成员中比较沉默的业务员，听听他们的意见，把他们加入到角色扮演的游戏中。
44. **要求大家帮忙回答问题，让业务伙伴有机会当专家**。当然，你或许可以回答所有的提问，但团队中并非每个人都跟你一样对这个

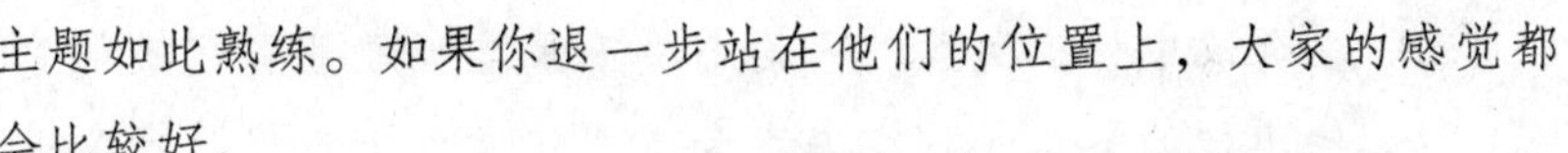

主题如此熟练。如果你退一步站在他们的位置上，大家的感觉都会比较好。

45. **叫名字**。无论是哪一种语言，最美的发音都是自己的名字。
46. **感谢提出意见的人**。资深业务主管的职责之一就是拜访不同的业务单位。在每一次的访谈演说上，我都会留下提问时间，而这也是我拜访业务单位最主要的原因之一：让每个人都有机会直接和老板对话，就算是短暂的时间也好。有时候你会遇到相当棘手的提问，例如“我们为什么要为这些销售辅助工具花这么多钱?”这时你会发觉现场忽然陷入一片寂静，而我的回答都是先诚挚地告诉对方：“谢谢你有勇气把这个问题提出来。”接着我会对所有人说：“大家一起给比尔一个掌声，谢谢他提出这个问题。”在掌声之后我会补充说：“比尔，我相信你说出了很多人心里的话，他们都和你一样有相同的挫折。”然后我会直接回应这个以及接下来所有棘手的问题，化解现场一度出现的危机。其实提问者未必都是有敌意的，他们也许是为了测试你，也可能是为了表现自己。
47. **早一点及经常举办投票**。大家都喜欢投票，但你必须懂得控制议题。有些议题千万不能拿来投票，例如“你要增加多少佣金?”但多数议题是可以通过投票来表决的，例如，业务竞赛的地点或竞赛规则、星期几开业务会议最恰当、下个月的社交活动在哪里举办、下一次的业务会议要以哪种线索生产活动为主题，等等。
48. **不要让少数主导多数**。你必须提防那些企图掌握整个讨论的意见领袖，给他短暂的发言时间后，礼貌并坚定地打断这个爱发言的人：“玛丽，非常谢谢你的提议，你的确提出了相当重要的观点，但因为时间有限，我们必须进行下一个议程了。”
49. **进行读书计划**。阅读可以在训练过程中注入娱乐效果，因此在讨论过书籍如何改善大家的销售与管理技巧后，进行短暂的阅读，接着再请大家分享阅读心得。

50. **在会议中作出决策**。当某个决策是在听取业务代表的意见之后再作决定的，会议就变得更加重要了。如果可以作决策，不妨大胆去作。业务员不喜欢拖延。

51. **确保每个人都可以自在地提出意见**。你必须培养尊重会议中所有意见的态度，此外，回应发言时，你要分清楚幽默和嘲弄之间的差异，不要让听众感受到的是后者。成为我们笑话对象的人不可能会期待参加会议的。

52. **集思广益解决问题**。一个好的议程设计应该会安排一段头脑风暴的时间。你可以提出一些对团队相当重要的小问题，例如摊位的排班如何设计，或是线索如何再利用等，这些都是要求透明化与公平性的好议题。

53. **指派小组委员会解决问题**。很多安排在头脑风暴时间或经过投票的问题，最好都以两阶段过程来处理。先指派一小组业务代表在当周召开会议，提出解决办法。此外，会议过程中的突发意见也可以用这样的方式来解决。比方说，如果某位业务员在会议上抱怨一个新的积分措施，我可能就会要求他连同其他两位业务员及一位管理部门的人员负责检视这个政策。这个方法既可以让会议按照原来的步调进行，又可以适当地回应这个新问题。

54. **移交到业务线索生产会议**。所有的会议一定都会经常触及开发客户技巧的问题。碰上这类问题时，不要浪费时间讨论，而是直接把它当成下一次相关会议的重要议题。

55. **播放影片**。通过由业务员演出诸如如何克服阻碍这类的专题影片，可以在训练课程中一再重复使用。另一个好处是，通常影片里的人就是听众时可以提高大家的注意力。

56. **评估会议**。如果有人抱怨你的会议，要求这个人（或是某个小组委员会）以一些标准来评估你的会议，比如从内容、速度或视觉效果，等等。让提出抱怨的人成为共同解决问题者，而不是问题制造者。

57. **公开夸奖，私下批评**。尽管这不是一个新概念，但绝对值得一再重复强调。公开批评不仅会破坏会议的核心目的（批评不等于激励），还会影响被批评者的忠诚度，同时听众也会担心自己是否会成为下一个。

58. *要参加者者写下问题*。大部分的人都不会积极参与提问时间，但如果你要求大家以书面方式提出问题，一定可以从更多人手中拿到更多的问题。
59. *以希望及行动诉求为会议画下句点*。在参加者离开之前，一定要表达你对他们的信心及信任。在你的最后总结中，再度强调因为这个会议而在未来几天或几周当中应该执行的事项。
60. *准时结束*。一旦你建立了准时开始与结束的良好习惯，就会有更多人出席会议，并且是准时参加。

有趣、具有娱乐性，同时又能激励团队的业务会议不会自然生成，只有全心投入才能规划出一场具吸引力且能提高销售额的有效会议。

这 60 个会议妙方看似有点多，但你必须进行的会议也很多。与其将焦点放在这个数字上，不如思考你要如何精进这五个部分：举办会议的心态、设计议程、会议准备工作、会议的开始及会议的进行。只要你准备得越充分，你的会议一定会越精彩。

自我评估

- 你对会议的内容及进行方式感到满意吗？
- 业务员都会参加会议并准时抵达会场吗？
- 你如何让会议更有趣？
- 你如何运用视觉效果与辅助工具？
- 业务员参加会议后，是否会更迫切地想要去工作？
- 你是否让更多的业务伙伴加入会议准备工作及负责会议的进行？
- 你是否善于会议流程的控管？
- 在每一个会议结束时，你都会要求业务员立即行动吗？

- 在这60个妙方中，哪些最吸引你，而且让你想立即采用？

以下书籍可以向你提供更多关于举办会议的细节：

- *How to Get the Most Out of Sales Meetings* by James Dance
- *Sales Meetings That Work* by Richard Cavalier

第五项关键行动

复制自己

能够建立起自己事业王国的人，都有一个相当重要的共同点：他们知道自己无法事事亲力亲为，所以他们深知持续且长久成功的秘诀，就在于复制自己。所以，他们会在自己的团队内，培养出坚强的领导人，继续带领通往建立自己事业王国的道路。接下来几章，我们会将重点放在打造销售王国的人如何促进领导阶层发展的策略上。

有些人天生就具有领导的天赋，然而，多数人并非如此。如果你想要建立一个销售王国，你可以利用那些具有领导天赋且知道如何正确掌握这种能力的人来辅佐你，从而倍增自己的领导力。纵使你无法将团队里所有的人都转换成有力的领导者，一套强而有力的发展计划还可以增加你的业务人员。就如同“他们”所说的：“这是个数字的游戏。”

第 16 章　从第一步开始：小组领导者

> 信任别人，别人也将因此信任你；好好地对待他们，他们将会更好地表现自己。
>
> ——爱默生（Ralph Waldo Emerson），美国散文家与诗人

有力的业务成长、责任的分派，以及管理制度的建立，这些都是以第一层的领导为开端。1992 年 2 月我在台湾聘用 4 名第一线的业务人员时，这个真理得到最真实的印证。那时，我的办公室还是空荡荡的，一个新事业的梦想刚要展开。

> 我对这 4 名业务员进行了为期三天的新产品介绍训练课程之后，他们已经支领了 3 个月每月 1600 美元的月薪（包含奖金），虽然这个薪水的条件是每月接获两笔以上的订单，但是，他们之中还没有人拿到过一张订单。他们每一个都是拓展业务的第一线经理人，在他们之下都还没有任何一名业务人员。
>
> 我最后对他们说："首先，你必须学会如何销售产品，然后，你必须雇用一或两名业务人员，告诉他们你如何销售产品。"在 5 年之内，这 4 个人总共管理了约 300 名业务人员，每年创造的销售金额超过了 2500 万美元。

首先，让我们先将"小组领导者"（Group Leader）定义清楚。小组领导者是一位：

- 有能力接获个人订单的人。
- 直接督导一个2~7人团队的人。
- 能够执行内部训练课程的人。
- 主动聘用新业务人员的人。
- 想要被进一步擢升为业务经理的人。

业务经理的工作之一，就是要发掘出能够成为小组领导者的优秀业务人员。业务经理必须尽早发掘出有机会成为小组领导者的候选人，燃起这些候选人的工作欲望，并通过示范及授权的结合，耐心地教导他们如何成为真正的小组领导者。

你对于个人的成功、成长所投入的心力，有助于实现找寻小组领导者的神圣任务。让你的小组领导者感觉到你所散发出来的魄力、野心。一名成功的业务经理能够营造出领导阶层期待的环境。你的业务团队所期待的是业务量的增加；业务团队的成员期待的则是经常的擢升。

领导阶层的拓展必须建立在信任上。潜在的小组领导者信任你，是因为：

- 他们欣赏你的做法。
- 他们相信你的公正。
- 他们觉得你对他们有信心。
- 他们知道你拥有让业务成长的计划。

小组领导者的培育，就跟引进新业务人员的过程类似。一旦某个人能表现出称职的销售技巧，就是吸收这个人进入管理阶层的时机了。让每个人都有这样的机会。

培育小组领导者同时也存在某些风险，并非每一个想要踏入管理阶层的人都会成功。只要产生一些影响力大且持续性的成功，你所投入的时间及精力就有价值了。失败是相对的，不是每一个晋升业务管理阶层的人都能率领大队人马，但他们之中有许多人都能在较小的群体里发光发亮。

招聘小组领导者

小组领导者的招聘及培育是管理发展（接着就能带来业务成长）的起始点。现在，就让我们来探讨招聘小组领导者的程序。

询　问

在第一次的招聘面谈时应该表明："有些优秀的业务应试人员，会被我们选入参加为期90天（或是6个月）的经理人培训计划。"接着，在基本业务训练的第一天，抽出部分时间说明选定的方式及未来小组领导者的培训计划。询问那些符合基本条件的人是否有兴趣参加这项计划。

在某人签了几笔订单之后，立刻找他开个别的"管理提议"会议，询问他的意愿。对那些有意愿的人，说明你的业务及管理成长计划。让他深刻了解你对于新的经理人的需求，传递出你对于未来充满信心的信息。而你需要聪明的人来与你共同实现目标。

在我认识的人之中，从来没有人因为被问到是否有兴趣接受领导阶层训练，而觉得受到侮辱的。所以，请尽早询问一个人是否对管理工作有兴趣。评断这个人是否合格的唯一条件，就是他个人是否具有销售及接受训练的能力。不要等到一名业务人员感觉已做好准备后才开始动作。通过你的询问及要求，让他们尽早做好准备；你则可以保证协助他们进入状况。

分　享

分享你的理想及抱负。让你的业务团队知道你的愿景规划。每个人都喜欢参与一个胜利的团体。让你的业务团队知道，你是一个赢家。

分享你的训练及开发决策。每个人都希望参与这场演出，每个人都想为自己归属的团体有所贡献。

分享你的业务成长计划。让团队中的每一个人，包含最新的人员，知道你未来3个月的拓展计划，甚至是未来一年的计划。这个计划最好是由你所带领的每一阶层的领导人员共同规划出来的：这些计划是大家共同的目标，以集体的方式实现这个目标。

分享你的关照。新的领导人喜欢感觉自己是与众不同的，所以请记得征询他们的意见。如果你能将问题叙述得相当清楚，答案通常已经是呼之欲出的了。鼓励这些小组领导者自己作出正确的结论。

浪　漫

对于你的目标人选要更浪漫些。如果你想要拥有小组领导者的心，必须紧追着他们——邀他们共进午餐、送他们业务或管理方面的书籍，告诉他们（不断地反复诉说），他们拥有成为杰出领导人的天赋。

与你的小组领导者开会时要浪漫些，交付他们特别的任务，让他们知道你对他们的表现有信心，让他们觉得自己是独一无二的。

行　动

尽早行动，不要犹豫。“业绩导向”佣金制度的好处之一，就是几乎让你不用承担任何升迁所会带来的财务风险。

经常地行动。把“与他人谈谈晋升为经理人的机会”的谈话变成你的习惯。这样一来，你的业务团队会觉得晋升为管理人员是一件理所当然的事情。

当一名业务员表示他愿意成为一名经理人时，接下来会怎样呢？就是让他知道你对他的期望，他所做的事将会带来改变。你和小组领导储备人员双方一定要对于他的工作及作为一名正式的小组领导者该做的事有清楚且相同的共识才行。

让小组领导者接受训练

所谓的小组领导者，就是一个直接带领2～7名业务人员的人，他必须持续下个人订单，并主持会议及训练课程。小组领导者引导你扩张业务版图。你的小组领导者，就像是全国橄榄球协会或篮球协会里的各支球队一样，也如同棒球联盟下的各个小联盟一般，他们是让你整个销售事业获胜的关键。

小组领导者是现场训练人员

小组领导者的事业就是由“看着我做”这个方法开始的。这表示，由这名小组领导者带领的新业务人员，将通过观看小组领导者实际进行销售的行为，来学习如何开发潜在客户及进行销售。一位有战斗力的小组领导者，必须拥有这两项重要的技巧。向新人传授这类技巧的最简单方法，就是通过示范来教导他们。

如果新的小组领导者能够干好这两项工作——展示如何进行工作，以及对他人表示关心，这就足以在业务管理上有个良好的开端。

小组领导者是课堂训练讲师

小组领导者可以在课堂上提供热情、务实的销售技巧的训练课程。新的小组领导者需要这类的练习，通常他们会喜欢稍微卖弄一下自己，享受当一名讲师的新鲜滋味，同时对于自己被认同为管理阶层的一分子而感到非常珍惜。

管理及发展这个任务分派，重点都在“态度”上。如果你的梦想是尽你所能建造一个销售王国，那么，你必须养成培育新管理人员的习惯，并一步一步地“将你的工作分派出去”。在下一章“授权”中，我们将全面讨论把工作分派出去的技术。

自我评估

- 你在哪个阶段开始播下种子，让你的业务代表用管理的角度来思考未来？
- 你用什么系统来培养管理的兴趣？
- 对于初为经理人的新手，你是否有什么正式的训练课程？
- 对于你第一阶层的业务管理人员，你会如何描述他们的工作内容？

你可以推荐你的新业务经理人阅读下列书籍，这将有助于你带领他们更快地进入工作状态：

- *Becoming a Manager*: *How New Managers Master the Challenges of Leadership* by Linda A. Hill
- *Just Promoted*! by Edward H. Betof
- *Becoming a Successful Manager* by Jack H. Grossman, Ph. D., and J. Robert Parkinson, Ph. D.

第17章 授权

选人的艺术并不难，难的是让这些人选完全发挥他们价值的技巧。

——拿破仑

“授权”可以定义为：在你的监督之下，将某一特定的任务全权委托给他人。这种技巧属于“时间管理策略”的一部分，因为这将使你更具生产力及创造力。我是个幸运的人，在我事业发展初期，我就不得不试着将权力分派出去。也因为这种授权发生效用，让我的未来更为幸运。

“必要性”可能是授权的根源。我在佛罗里达大学就读四年级时，负责一个学生销售营业处。我同时是兄弟会的主席，也在学生自治会中担任干部。时间对我而言格外弥足珍贵。我教导我的学生销售营业处秘书执行一些并不直接与销售相关的业务训练，诸如如何完成销售合约等。此外，如果一名新的学生业务员签下一笔订单，我就擢升他为训练助理，协助一周一次的训练活动。

在秋季学期结束前，我已经学会将我全部的工作都分派出去。许多新的业务员很快就变成业务经理。因为我的乐于授权，让我们这个兼职性质的业务单位，可以与一些由全职业务经理带领全职业务员的业务单位相抗衡。我的出发点其实只是想要善用我的时间；然而，很快地我就明白，我已经找到一个促进管理发展而且毕生可用的方法。我不止一次想过，如果我当初放任自己掉入哲学的陷阱——“如果你想把事情做对，只能自己动手做”，那么，我将会过着水深火热的生活。

“授权”是一个相当有力量的激励工具。它能增强员工工作上的安全感，强化他们潜在的赚钱能力，实现自我改善的需要，让他们觉得自己有用，并且满足他们对权力及被认同的渴望。

“授权”能够让你更具生产力及创造力。它会使你变得更有组织性，因为你将必须提出计划，分配责任，设定期限，以及查核进度。

持续培育新业务经理的最佳方式，就是“展示及告知”重要的人：你如何做这些事，而他们也做得到这些事。也就是说，你必须放手。一切就是这么简单的事情。虽然我一直强调授权对于管理发展的重要性，但我也曾经将“授权”与“管理发展”当做两件独立的事情。最后，我终于顿悟了——“授权”及“管理发展”的联系是如此紧密，它们完全应该被视为一体。

“授权”的好处不只在于“管理发展”，就像“管理发展”的好处也不只在于“授权”一样。“授权”也是聪明时间管理的一部分。多数声称他们不可能有时间做完所有事情的经理人，都只是在告诉世界，他们不是不懂，就是不愿意将他们的工作或权力释放出去。

尽早及经常授权

“我应该何时开始授权?”这是在干部培训课程上经常听到的问题。唯一一个可能的回答是：“当你开始带人的时候。”

在招聘新人时，先介绍你的管理发展系统。接着，在一开始的训练期间不断强化这样的概念。这么做的好处是，可以让你在你的销售事业发展初期，就开始分派出一些简单的任务。

我经常在聘用一个人几个星期之后就会问他，是否愿意帮我训练新业务员。当然，这些业务员一定已尝到某些成功的滋味，并对这份工作拥有一份真诚的热情。

早期授权起码能发挥五个效用：

- 它为新业务员提供了一个练习面谈及销售演示的机会。
- 它告诉新业务员：我对于管理训练的重视。
- 它告诉新业务员：我信任你们。
- 它能解放出我的时间。
- 在业务新兵第一次的训练上就让他们知道：快速成功是可能的事。

不要花时间做你能分派出去的事情

试试这个：列出所有只有你能做的事情。剩下的就是你能授权出去的工作。从你一星期打算做的所有业务管理活动开始，例如招聘面试、训练、规划、主持业务会议、检查支出状况等。将全部事情写下来。思考下述问题：

- 你在每件事情上花了多少时间？
- 有哪些事是你可以叫别人做的？
- 如果你训练干部来做所有你可以分派给他们做的工作，你的时间表看起来会如何？
- 如果你现在就训练这些人，是否能为你的业务团队带来成长？
- 如果你有更多的时间，你想要做些什么？如果别人可以分担你现在部分的工作，你可以多出多少时间？

你将会很惊讶地发现，你所做的事情当中竟然有那么多是可以分派的。分派得越多，你就可以拥有更多时间来处理那些只有你能做的事情。

当你去了解那些创建伟大销售王国的杰出经理人的事迹之后，你会发现，他们都在事业建立的初期就知道谁是他们主要的业务伙伴。就像你一样，他们从一个业务代表开始做起，然后会被升迁至小组领导者或是一些类似的初级管理阶层。拥有雄心壮志的小组领导者会拥有努力扩大其团队的梦想。这些拥有梦想的小组领导者说服他们新的业务伙伴跟他们一起招聘及训练其他人。

所以，释放工作首先需要清楚自己所有要做的工作有哪些。每一项工作花掉你多少时间？然后，你就可以开始规划你的“释放工作”计划。目标很简单明确：只要是可以分派出去的工作，通通授权给他人。

不要对你能授权出去的事情制定决策

当一名业务经理人的最大好处之一，就是有权作决定。每日的行程，业务会议的议程，如何分配你的时间——这些管理上的特权，让管理及领导变成一份充满乐趣的工作。

在你享受这些决定权的乐趣时，想想看：是不是可能，你并不是唯一一个喜欢作决定的人？你业务团队里的成员们，可能也有他们自己的话要说。不妨将部分决定权释放出去，而不只是询问及听取他们的建议而已。这意味着让另一个人决定事情，安排会议，或是指导地方性营销会议。这同时也表示，有些时候你会让小组投票来决定事情。

举例来说，选择一个度假的景点，不论这只是选个举办周末小聚会地点那般单纯，还是像选择下一个业务拓展目标区域那般复杂的事，决策的结果都会让一两个人感到不满意。“为什么不选择这里而要选择那里呢？”永远都会有人这么问。而这可能会让人觉得相当泄气，但不妨试试另一个方法。既然这些活动的目的是要激励业务员，那么，有更多的业务员参与这类休闲活动的规划时，你就可以获得更多的好处。还有谁会是比你想要激励的业务员更适合来选择地点呢？此外，你还能免除“你总是挑自己想去的地方”这一类的责难。

通常，你可以将有关“下一次的业务营销会议在哪里举行”“到哪里开度假会议”或是“下周的业务会议要设定怎样的议题”等诸如此类问题的决定权分派出去。“如何做”及“要去什么地方”，都是可以授权的事情。

“盒子”概念也可以运用在授权作决定这件事情上。想象各式各样的盒子——有的小、有的大。当你被授予的权力有限，你的“决策盒”就是小的。当你获得成功的经验时，你的“决策盒”就会逐渐加大。你的业务员们必须明白，你的授权不能是无限的。如果派给他们的工作是为下次的业务会议准备议程，他们必须了解应该遵守既定的编排原则。如果想要变更的话，必须先与你协调。当这个被分派准备议程工作的人逐渐有了经验，并展示出足以主导会议的能力时，他的“决策盒”就会越来越大。一些新的想法便会在“决策盒”不断扩大的架构下，开始被提出并试验。

虽然，分派决策权最明显的好处就是让被授权者获得个人的满足感。但是，更大的好处是决策过程本身的改进。我们可以将业务管理想象成一种流动式管理。没有什么是一成不变的，你能以更具建设性、更创新的眼光来设定销售会议的议程，你勇于尝试各种具有创造力的想法，一切在于“你”。“你”就是整个销售力的来源，你将会发掘出更好的点子。一旦你找到新的、可以发挥效用的点子，你将永远拥有这个点子。对那些你曾邀请他们在过程中助你一臂之力的人来说，这种被信任的荣誉感，即使在任务结束之后，还是会久久萦绕在他们心头。逐渐地，你的业务团队对如何胜任一名专业销售经理人的工作，将会建立起信心。结果是，你会发现自己站上被升迁的位置。

“授权”同时也是一个有力的激励工具。高流动率对任何一个行业来说都是大问题。特别是对直销业来说，它更是一个艰巨的挑战。你必须持续地抽出时间来鼓励你的部属。在第 20 章中我们将更深入地讨论如何利用 14 个重要的激励工具。现在，我们先预先浏览一下，“授权”如何满足部分激励因素的需要。

- **自我改进**。寻求个人的成长及增进个人的知识，这是人的天性。逐渐将一些比较困难的工作分派出去，能满足被授权者自我改进的需求。
- **工作认同感**。被授予重要职务或决策权的业务伙伴，比起那些没有被赋予这些权力的人，会有更强烈的工作认同感。
- **金钱**。一名“培训中的管理人员”会期待自己的收入增多，因为在被授权一些重要的工作之后，他将可获得晋升的机会。
- **权力**。“授权”将会带给“培训中的管理人员”力量、权力及声望。
- **成就感**。“授权”可以满足“自己对于群体的成功是有贡献”这样的心理需求。

将 8 个基本工作分派出去

你知道，为了成功，你每天必须做些什么。让我们来看看一个业务经理人需要承担的工作，看看你如何将它们转化到一个授权的体系与管理发展计划之中。

1. **销售**。指派受训新人跟随着你的储备经理人选，到销售现场进行观摩学习。
2. **开发客户**。要求你的储备经理人选练习业务线索生产技巧。
3. **招聘**。邀请你的业务团队设计一个招聘新人的广告。在业务训练课程中，尽早教导他们如何招聘新人。小组领导者及其他的储备经理人可以观摩业务经理人如何进行面谈。很快地，储备经理人就能通过这样的观摩，学会了如何面试新人。
4. **训练**。将你的训练课程分成数个阶段，让你的业务伙伴能够更早、更容易地参与其中。多数业务员及刚刚担任业务经理的人，对于你要求他们模拟的销售谈话、评论新人模拟的销售谈话，或是主持一场关于成交与开发客户为主题的座谈会，都会觉得非常兴奋。
5. **复制自己**。做一个有野心的人，定下进入更高一级管理阶层的决心。备妥一套可以有效培养经理人成为你的接班人的计划。
6. **激励**。鼓励你的业务伙伴去激励其他人。当一位小组领导者完成一个关于设定目标的演讲会后，他自己通常会是最大的受益者。
7. **管理**。让每个人都参与其中，就像亨利·福特（Henry Ford）一样。他将汽车的制造程序分割成许多小单位以便他培训员工，让每一名员工都能胜任自己的本职工作。业务经理也可以将管理工作分割成许多小单位，诸如销售工具箱检查、库存存货、更新业绩统计表，以及准备并发送业务会议议程。
8. **领导**。通过请你的小组领导者主持一个“找出更多客户的新方法”为主题的座谈会，或是让他们从头到尾负责主持一个会议来建立他们的自信心。

如何授权

下面是一些可以有效地帮助你进行授权的要点：

- 随时注意有哪些是你可以分派的工作。每次你自己做某件事时，问问你自己“还有谁可以做这件事？”
- 赞美要快速而及时，但批评与责怪则急不得。多数人在大部分时候都已竭尽全力。
- 要有耐心；了解学习曲线。每个人各自有不同的学习速度。
- 建立汇报系统；让你的团队知道，你将与他们共同检视你所分派给他们的工作状况。
- 表现出对结果的兴趣。这是一个练习倾听技巧的好机会。
- 准备你要分派工作的纲要。包含训练纲要及其他书面的说明。
- 指派明确的职责。你的指示务必要非常精确。
- 找出最容易授权的工作。
- 尽早选出可以接受你授权的人选。
- 一项工作只授权给一个人。
- 设定期限。员工们需要知道，这项工作何时必须完成。
- 检查你所分派工作的完成情况。就像美国前总统雷根所说的：“信任，但必须证实。”
- 逐步地授权。
- 要事先授权，避免在最后一分钟才将工作分派出去。
- 让你的团队知道，获得授权是一项荣誉。
- 轮调工作，让每个人都有尝试的机会。
- 找出只有你可以完成的工作。
- 允许他们在“授权盒”之内，拥有按照自己方式实现目标的自由。
- 解释这项被授权工作的益处。为什么这项工作这么重要；这个工作在你整个管理发展计划内，具有怎样的地位。
- 今天就开始！不要空有授权的想法，去执行它吧！

从被授权者的角度，可以让人更容易看清“授权”这件事。毕竟，授权可以被视为一种隐形的合约：一项任务的分派与接受。双方各自有责任及期许。身为一位授权者，你的期待是工作被有效及完美地执行。你的销售小组成员们被赋予一些特定的期望，包括：

- 完全了解当他们被赋予某项任务时，他们所被期待的表现是什么。
- 了解他们所被赋予的工作，如何与整个业务团队目标的成功连接在一起。
- 知道当他们遇到问题时可以前来寻求帮助。
- 立即让他们知道自己工作的执行成效有哪些值得赞扬，又有哪些需要改进的地方。
- 对于他们所被赋予的工作，有任何改进的想法时，可以主动提出。

在所有管理理论中，被称赞最多但实务上最少被应用的管理工具就是“授权”。所有的经理人都称颂这种做法。如果“授权”真是这么好，为什么不是每个人都这么做呢？让我们来看一些“是的，但是……”的借口，看看它们如何阻碍成功的授权。

- “我可以做得更好。”当然，你永远可以将事情做得更好。这种“我可以做得更好”的态度，会出现在一个极具控制欲的人身上。这同时也是一种缺乏耐心的征兆。拥有这种心态的业务经理人，她的选择是：她可以继续“做得更好”，这可能会导致团队里其他成员的不满、更高的人员流动率、甚至团队瓦解；或者，她可以释放出一些权力，培养一些有价值的经理人。
- “假设这个人会犯错？”焦虑，是一种可能会冻结行动的强烈情感冲动。一些经理人因为不愿意冒犯错误的风险，所以不知如何将工作分派出去。事实上，人都会犯错的。严谨的训练与仔细的说明可以减少错误的发生，但却无法终止。这就是风险。记住“信任，但必须证实”。你的选择是什么：培养新的业务经理，还是对焦虑投降？

- **"我对于授权觉得不舒服。"**有些人就是不愿意开口请别人做一些别人可以胜任的事情。他们不喜欢把工作放到别人身上。首先，业务经理的职责之一就是分派工作。不会授权的经理人，会限制其自身的成长。一个经理人授权得越多，他就越能自在地开口请别人帮助。请记住：被要求协助的人，通常是乐于被要求的。
- **"我会无法控制一切。"**这种恐惧是错误的，因为在授权过程中，包括经理人会及时汇报。所以，你并没有真正失去控制；相反，"控制"更为扩大了。然而，我必须提醒那些使用"控制"这一类字眼的经理人，比起那些使用训练、指导及团队工作字眼的经理人，他们通常会有更多沟通上的问题，也会更容易产生焦虑。
- **"我对于别人能否完成这个工作没信心。"**这是这位经理人的问题，不是做这个工作的人的问题。这种心态可能是个难解的障碍。业务经理人的工作之一，就是让销售团队中的每个人建立起信心。持有"对于别人没有信心"这种复杂心态的业务经理，对于"授权"这件事，需要投入特别大的努力。
- **"授权是没有效率的，训练别人比自己直接做所花时间更多。"**这在第一次分派工作时可能是事实。然而，你将会发现，多数人为这项工作投入的热情，远远可以抵消较没效率的考量。效率上的担忧会造成误导。事实上，真正的效率是来自于一群训练有素、能胜任许多工作的业务人员。记住，你曾经也跟他们一样，正因为某个人将工作授权给你，你才得以学习及成长。

成功的授权能够激发经理人的动力。它能免除经理人处理一些耗时的琐事，并建立起拓展业务的基础。

你想要有更多自由的时间吗？请学习如何"授权"。

你想要降低别人对你的依赖吗？请学习如何"授权"。

你想要提高你的团队成员对你的忠诚度吗？请学习如何"授权"。

让我在结束"授权"这章之前，再强调一次招聘新人与授权之间的联结。

你招聘越多新人，其中有才能的人就越多。

有才能的人越多，你就能发现更多你可以授权的人。

有更多你可以授权的人，就会发现更多你可以培植为业务尖兵的人。

有更多你可以培植为业务尖兵的人，你就能变得更加成功。

自我评估

- 你的授权政策是什么？
- 你是否和我一样在授权、管理发展及业务成长之间建立起适当的联结？
- 你将采用哪一种授权的方式？
- 有哪些特定的工作项目是你可以授权出去的？你可以将它们授权给谁？
- 这些授权的对象需要怎样的个别指导？
- 这对于你下个年度的业务成长会有怎样的影响？

下列这些书籍可以帮助你做好“授权”的工作：

- *The 3 Keys to Empowerment: Release the Power within People for Astonishing Results* by Ken Blanchard, John C. Carlos, and Alan Randolph
- *How to Delegate* by Robert Heller
- *If You Want It Done Right, You Don't Have to Do It Yourself!* by Donna M. Genett

第 18 章　从训练重点干部中成长

> 当你学会为别人而活时，别人也将为你而活。
>
> ——尤甘南达（Paramahansa Yogananda），哲学家

你必须让你的业务经理明白：能让管理发展最持久的要素就是——如何思考事情，并靠他们自己获得一个明智的结论。这个苏格拉底式的论调，从你聘用第一名业务员那天开始生效。下面这个故事告诉你，你不需要像我一样花了那么多的时间才理解到：将你的直觉及管理实务转变成一个标准的训练计划。

许多年来，我使用一套训练系统，让我持续稳定地造就出一些优秀的业务经理人。我拥有优异的教学本能、很多的笔记，以及一系列的参考书籍。但是，老实说，我并没有正式的重点干部训练课程。

当我与大英百科全书的总裁乔·亚当斯（Joe Adams）共事时，乔给我一套他曾使用过的管理训练课程。当时，我担任公司的教育训练总监。我们两个人将过去在 3 个月期间、分 3 个部分进行的训练课程，汇整成一套 5 天的训练课程。就像任何一个大学课程一样，这个训练课程有许多书要读，也有许多作业要完成。训练的成果令人相当震惊。那些被选中参与这个密集的训练课程的人们都感到相当自豪。资深业务经理也相当高兴能担任一部分训练课程的讲师。

因为这个重点干部发展计划，促使以销售额为基础的晋升快速增加。业务经理成功地运用他们新获得的领导技巧，再加上打造销售王

国的愿景意识高涨，最终产生了巨大的效应。这套课程连同地方营销的介绍及一套新佣金制度的引入，是我们在不到两年的时间内将营业额翻番的重要原因之一。

由于这个点子这么有效，所以在我担任台湾区业务副总裁的第一年，当业务经理爱摩斯问我“公司对于经理人的培训计划是什么?”时，我便将这个概念引用进来。第一批从这个“重点干部训练课程”毕业的员工成为台湾地区的业务领导人。十年后则是香港地区。

每家公司都需要设计自己的管理人员“重点干部训练课程”。但是，我可以将我认为一套结构严谨的干部业务管理发展课程中的关键要素来跟你一起分享。

1. 将5~6天的课程分割为3个1~2天的课程，这样一来，整个受训的时间期间则被拉至2~3个月。因为连续两天以上的训练课程所带来的结果，不仅影响业务员的日常工作，也会造成太大的学习负担。我们的行业是一种要“实际做”的工作，不是单靠训练、获得完美的管理原则就可以的。储备经理人今天所学的（只要不是一次学得太多），在隔天就可以在实际中去操练。在后续的训练会议中，这些储备经理人可以分享运用先前课程所学的销售管理技巧，以及有哪些成功或觉得困惑的方面。
2. 将每一次课程的重心放在几个新的管理训练上，让他们在回到自己的工作岗位时，可以即刻使用。将每一天的课程放在一至两项业务经理人每天所必须执行的8项工作的其中一至两项。
3. “重点干部训练课程”需要适当的调整及变动。你会有一些必备的、经常性的管理训练，另外也会视状况加入一些练习，诸如特别的招聘新人计划，或是你想要宣传的新销售战术。
4. 指定他们在每一节课之前必须阅读有关领导能力的书籍（你可能会将本书列为必读的书之一）。要求他们撰写读书报告，内容包含下述要点：

   ◎ 这本书与你身为业务经理人的工作有何关联?

◎ 这本书传达给你的信息是什么？

◎ 读了这本书之后，你打算做作些改变？

5. 看一部描绘领导能力的电影。《巴顿将军》(*Patton*)、《勇敢的心》(*Braveheart*)、《特洛伊》(*Troy*)、《乱世佳人》(*Gone with the Wind*) 及《怒海争锋》(*Master and Commander*) 都是相当不错的选择。我个人最喜欢的是由肯尼斯·布莱纳 (Kenneth Branagh) 在《亨利五世》中饰演的主角亨利。

   以下是看完影片后，要问他们的一些问题：

   ◎ 你对于片中的领导人，感到佩服的地方是什么？

   ◎ 这个领导者做了哪些正确的事情？

   ◎ 这个领导者犯了哪些错误？

   ◎ 这个领导者做了哪些可以鼓舞团队的事情？

   ◎ 这个领导者做了哪些让团队意志消沉的事情？

   ◎ 郝思嘉 (Scarlet O'Hara)、亨利五世或巴顿将军 (George S. Patton) 分别是哪种类型的业务经理？

   思考罗素·克洛 (Russell Crowe) 在《怒海争锋》中，或是梅尔·吉布森 (Mel Gibson) 在《勇敢的心》中如何聘用及训练新的业务人员、如何主持业务会议、如何激发业务表现，以及如何做好时间管理，这会是件相当有趣的事。

6. 不要错失任何一个可以打广告的机会。在教室里挂上你的潜在市场图，表示目前的业务人力相较于广大的潜在客户数量是多么的渺小。这个潜在市场人口统计图会强调：为什么你要进行这个重点干部训练课程。你通过在不经意中透露出的信息来提醒大家——“我们的公司面对这么多的业务线索，而我们现在的业务经理明显不足，他们手下的业务人员也太少。”

7. 回顾过去的业务管理个案。在业务经理人的实务训练中，个案研究是很受欢迎的一种练习。通过个案研究的讨论，会产生许多令人意想不到的结果。举例来说，由某一个案研究的图表发现，某些业务员经常性地在每周一次的业务会议上迟到。大家可以立刻讨论如何处理这类棘手的问题，比如对迟到或缺席者采取罚款政策，或是在会议开始后立即将门上锁等，以此表示参与业务会议的重要性。

8. 要求管理单位说明使用信用卡、薪资计算、交期、客户服务等相关的规定。以使用信用卡为例，只要业务经理人了解为什么在客户使用信用卡付账时，某些资料是必须填写的，他们就会更愿意配合这类的规定。这带来的正面结果是：改进订单呈报过程的速度，提高订单通过复核的比例。不要错失任何可以让管理单位与业务单位沟通合作的机会。有时，我认为这有助于去除管理单位与业务单位之间那条壁垒分明的鸿沟。这种对于结合重要干部与管理单位之间的投资，绝对能带来长期的收益。
9. 邀请最受尊重的资深业务代表，请他们负责一部分的课程。让他作为大家学习的角色典范。
10. 在课程结束之后，指派实务性家庭作业。比如撰写招聘新人的广告，或是修正业务竞赛的规则。表扬作业成绩最佳的前三位。
11. 课程结束时，由训练讲师告知下周他们将要做些什么，作为他们今日所学的成果验收。

让我对所有新踏入各阶层业务经理的人说一件事。我在 1999 年 8 月受聘担任公司亚洲区业务及营销的总裁时，我得知日本也将加入我所要负责的领域之一。我对我的业务管理主管们进行一场每次两天、分为 3 次共计 6 天的训练课程。这是一次愉快的经验。我可以认识这些经理人，他们也可以开始认识我。在这次课程结束之时，我们对于管理及领导方向有了共识。我们的目标一致，也是一体的。当我将结业证书颁发给这群核心经理人时，他们设定要在 30 个月内让业绩翻番的目标。

当我说我“主导”一个训练课程，我的意思是我会将课程内容建立在上课者认同的知识上。身为一名主导者，我必须有能力引导出所有业务经理人员的优点，同时还能将我的管理及领导方式传授给这群人。

管理发展不仅是告诉这些经理人该做什么及何时去做。业务管理发展的最终目标是要让他们对自己的能力有信心。你需要的业务员是要能够靠自己双脚站立的人。当你培养的业务经理表现突破你曾教给他们的一切时，你自己就该准备踏上更高一层的业务管理阶梯了。

自我评估

- 你对于管理发展的方法是什么？
- 你是否已准备好一套业务管理发展计划？
- 你是否正在为你的主要干部执行一套业务管理课程？
- 如果你实施重点干部训练计划，对你的业务人力会有怎样的影响？
- 你的 5 天或 6 天业务管理发展课程的纲要是什么？
- 你会指定他们阅读哪些书籍？
- 你会邀请哪些人来协助进行部分课程？
- 你会选出哪些人参加你的课程？
- 重点干部训练计划是否会带来营业额的增加？它有助于你的升迁吗？

下列这些书籍可以作为你的重点干部训练课程指定阅读书籍的参考：

- *The 7 Habits of Highly Effective People* by Stephen Covey
- *Built to Last* by James C. Collins and Jerry I. Porras
- *See You at the Top* by Zig Ziglar
- *How to Win Friends and Influence People* by Dale Carnegie

第六项关键行动

激励

“我要如何激励我的业务员?” 这是业务经理人最常提到的一个问题。在接下来的五章，我们将提出重要的问题，并提供有效的方法来激发你的业务团队，让他们火力全开，发挥最大的潜能。

关于激励，我们可以将人区分为三类。有极少数的人，在你聘用他们之后，他们自己就能自动自发，并激励自己。作为一名业务经理，当你非常幸运地遇到这样的业务员时，你所必须做的就是好好地对待他们，并让他们持续谈论他们的梦想。

大多数的业务员都是属于第二类的人：没有明确的目标，但他们想要把工作做得更好，赚更多的钱，在事业上更上一层楼。你可以鼓励这样的业务员，不仅要实现他们的梦想，还要刺激他们、挑战他们从没想过自己可以实现的目标。

最后，你面对的是第三类人：愤世嫉俗的人。这些人拒绝接受鼓励。这些不快乐的人中，甚至有些会认为“激励”只是为了让他们帮你赚取更多钱的伎俩。对于这些人，你能做的事并不多。不用为他们烦恼。将你的时间花在多数对你的领导有回应的人，以及愿意努力工作让自己生活得更美好的人身上。

第 19 章　看到梦寐以求的人生目标

如果你想在明天成为一个大企业家，那么今天就开始像个大企业家那般行事。

——彼得·德鲁克

如果你相信自己有能力完成你个人及公司的目标，那么，激励别人将是件简单的事情。这也就是说，有一个确实可行的目标，将可以激励你的整个销售团队。下面的故事发生在 10 分钟之内，在我生命当中再也没有第二个 10 分钟能这么戏剧化地改变我所领导的业务经理团队的生活。

1994 年 9 月，我给我的团队作演说，并对他们承诺起码有 10 个人变成百万富翁之后，我才会考虑退休。除了这个承诺之外，我在他们面前定下几个业绩目标。这些业绩目标是有逻辑基础的。我们所拥有的数据资料清楚地告诉我们，市场潜力确实存在。我们必须建立这个目标的可信度，激励大家的信心。这个目标是可实现的。

我以相当真诚的叙述作为演说的结尾："你们就是在这个适当的时机，可以来实现这一目标的正确人选。"

我是否能实现我的承诺？是的，成为百万富翁的人数是我当初所承诺数字的两倍之多。

"完成目标"的心态是多种雄心的结合。它是你令人惊叹的工作目标、你惊人的个人解决方案，以及你的工作团队共有目标的结合。

你的示范、热情、喜悦及积极的态度，点燃了整个过程。每个人都渴望鼓励。你身为业务经理人的职责，就是要呼应他们的需求。你是个贩卖梦想的商人。

“有些人以现在的状况看事情，然后问：‘为什么？’另一些人则是梦想从没发生的事情，然后问：‘为什么不呢？’”肯尼迪总统（Robert F. Kennedy）以这番激励人心的概念，作为他竞选 1968 年美国总统的宣言。这个概念的力量引发我的共鸣，成为我生命中重要的座右铭。肯尼迪兄弟最终都遭到暗杀。但是，他们的思想却存活了下来。

我们每个人心中都有一场激烈的情感战争。我们都编织过成功及快乐的梦想，但因为这些梦想与“现实”抵触，所以就只能是——白日梦。本章及接下来的两章，会帮助你战胜怀疑及障碍，让你可以在“寻梦计划”战役中获胜。

要激励别人的第一步，就是要对你的生活负起你个人的责任。其他人及环境都可能是你成功之路上的障碍，但是，只有你能决定是要对这些障碍投降，还是战胜它们。想想那些你尊敬的人，写下四到五个人名。然后，在每一个名字之后写下至少一个这个人曾克服的障碍。在许多时候，我们会敬佩某个人，是因为他们在个人坚强意志的支持下，一路战胜许多的困难。

第二步就是设定一个或一套可以让人兴奋的目标。回到你的白日梦。你真诚、热烈想要做的、拥有或是实现的是什么？这不是犹豫或羞怯的时刻。那些你景仰的人，虽然很伟大，但他们也是有梦想的。一出生就不平凡的人太少了。能让人不平凡的是——实现你的梦想。

我是个最平凡不过的人了。当我还是学生时，我的成绩只比一般平均成绩好一点点，除了我最喜欢的阅读课，我对数学一向很头痛。我与酗酒成性的劳动阶级父母住在租来的房子里，我没有钱也没有奖学金可以念大学。在高中毕业后几个月，我获得一个销售百科全书的工作。这改变了我的生命。

我对于自己能否成为一个好的业务员并不具信心，更不用说要成为一个杰出的业务员。但是，我真的想上大学。所以，我想如果我能够比任何人都更认真地工作，我可能在这个夏天就可以赚足支付学费的薪水。我真的这么做了。除此之外，我学到拥有一个有价值的大目标，不仅能激励我更加努力工作，也让我学会如何更聪明地工作。如果我只是为了“多赚一点点钱”，在 1961 年又湿又热的佛罗里达州，我就不会那么拼命地工作。我有一个更大、更有力量的目标：我知道在夏天结束之际，我不是进入大学，就是去当兵。我想要进大学，而且我知道只有我自己能让这个梦想成真。

业务员一开始要了解什么是生命的梦想，并不是那么容易。因为，业务员的天性就是拥有目标。我们经常以一种大多数人不会使用的方式来学习设定目标。对多数人来说，他们最大的目标就是从学校毕业。但是，毕业是一个有明确日期的确定目标，在收到毕业证书之后，许多人就开始在生命中随波漂流。他们有个目标就会完成。在心中没有其他目标的情况下，他们找了个工作，或许会结婚，或许会拥有一所房子或一辆汽车。

一个业务员及业务经理的目标是超越平凡的。他们想要达到的愿景、他们最期望拥有的东西，或是想要拥有成就的满足感，这些就是推动他们前进的动力来源。你从不会听到一个成功的业务员或业务经理这么说：“就是因为谁跟谁（例如爸爸、妈妈、兄弟姊妹、配偶、老板、或甚至是小狗）的错误，让我无法做得更多。”一个拥有伟大目标的人，从来不会将自己的境遇怪罪到别人身上，他们不会如此浪费时间。一个拥有伟大目标的人会看着镜子说：“我拥有一个远大的梦想，我要负责让这个梦想成真。我将克服所有的障碍，我会持续努力直到实现我的目标。”

你可以了解为什么有个远大的目标是这么重要的事情。销售并不容易，生活并不容易。失败、拒绝，以及失望都时常伴随着你。一个渺小的目标是无法带领你穿越这些障碍的；一个远大的目标才能让你积极起来，撼动你的情感，并引导你前进的方向。

当我还是个小孩子的时候，我在我叔叔位于威斯康辛州一个小镇的家中看过国家地理杂志。那些迷人的地方，不论从距离或可能性来看，对我都是如此地遥不可及。因此，我一直认为要浏览这些美妙的景点，根本是不可能的事。一直到我 20 多岁时，我设定了一个在我有生之年，要拜访 100 个国家的目标，这个年幼时的梦想，才开始逐步实现。现在我已经到过 94 个国家。直销这份事业，给予我实现这个目标的机会。

身为一名业务经理，你所必须做的不仅是为你自己设定一个远大的目标，你还要鼓励其他人设定他们自己的远大目标，并让他们了解，如何通过团队目标的实现，让他们个人的目标也一一实现。

下一章我们将检视如何利用 14 种激励因素，为你的团队带来最佳的表现。在第 21 章我们将说明 9 个设定目标的步骤，让你及你的业务伙伴知道如何实现特定的目标。

激励的机会到处都有。也就是说，它是没有限制的。一旦你了解所有的可能性，你就不必再问：“我如何激励我的业务员？”通过迎合所有人类精神上的需求，你将可以在你的小组里创造出激励的因素。

自我评估

- 当你想到你销售团队的成员时，你会将他们归入哪种类型的业务员：自动自发、没有明确目标、还是愤世嫉俗者？
- 属于自动自发，会自我鼓励的人有多少个？
- 没有明确目标的人有多少个？
- 是否有任何拒绝接受鼓励的人？
- 你打算如何帮助没有明确目标的人设定目标？
- 你个人是否有远大的目标，可以作为你的销售团队的目标范例？
- 在你的生命中，你有什么雄心壮志，因为你的信念是如此坚定，让你可以克服所有的障碍？

我们建议你阅读下列有关激励的书籍，其中还包括经久不衰的古典文学：

- *Think and Grow Rich* by Napoleon Hill
- *The Power of Positive Thinking* by Norman Vincent Peale
- *The Magic of Thinking Big* by David Schwartz
- *How I Raised Myself from Failure to Success* by Frank Bettger
- *As a Man Thinketh* by James Allen

第 20 章　发挥 14 种激励因素的最大效用

> 为了达到激励的目的，你必需要能够激发起员工的精神及感情。让他们对整体的成功有贡献，是相当值得投资的一项生意。我希望通过示范，或者是让他们振奋起来，或者是让他们觉得自己参与其中的种种方式来激励他们。
>
> ——默多克（Rupert Murdoch），媒体大亨

你无法大量制造激励因素。有些企管书籍的作家宣称，激励是一套自然运作的系统。然而，事实上，激励的来源是处于变化状态的。同一件事情并不能在每一个人身上都产生激励的效用。身为一名业务经理，你必须利用你的判断力及经验，分别找出针对你所带领的每一名业务员个别有效的激励因素。不同的激励，对于不同的人会产生不同的火花。在你阅读下面这篇小品文之后，想想看，什么是支撑你的经理人个人梦想的支柱，使得他们在工作中有杰出的表现。

> 一切仿佛是昨天才发生的事情，当时我的老板大卫发现他手底下最顶尖业务经理人之一——田中健次拥有一个梦想，就是在他日本家乡的海边盖一间房子。于是大卫雇用了一名建筑师，与田中一起设计他梦想中的这栋房子。接着，大卫还自己花钱做了这栋房子的模型，并将这个模型送到田中的办公室。每一天，当田中走进办公室时，他都会看到这个放在玻璃盒中的梦想。两年之后，我参加了这栋海边的房子落成的庆贺典礼。

大卫的用心昭然若揭，他的方式成功地在精神及心灵上激励了田中。

这个故事告诉我们，要有效地激励某个人，关键在于了解这个人的梦想。当你请某人谈谈他的梦想时，自己就必须当个专注且感兴趣的听众，这才能够产生激励对方的作用。实务训练是一个很好的机会，让你可以了解什么可以激励你的业务人员。在你们一起出差的路途上，从你们随意的闲聊之中，你将发现，你竟然可以通过简单的一个问句：“你的梦想是什么?”发现到许多的事情。

现在，我们一起来看看这 14 个重要的激励因素，并评估你可以如何利用它们来激起业务员更大的雄心。

1. 表扬

你的销售员越相信你能肯定他们所付出的努力，他们就越愿意更加地努力。多数人都喜欢被表扬，而且对此从不会感到满足。谁听过这种抱怨：“我的经理对我称赞太多了”。

业务竞赛是一个表扬最佳表现者的平台，这些表现者有着旺盛的竞争及获胜的欲望，并希望能让人肯定他们杰出的能力。业务竞赛通常会表扬前 20% ~25% 的业务人员，而他们的业绩通常占总业绩的 70% ~80% 。

然而，表扬指的不仅是业务竞赛中的获胜者而已。每一层级的业务主管在“表扬”这个激励因素中，都扮演着重要的角色。下面这张清单可以向你提供一些主意，让你知道该如何经常表扬你的业务员：

(1) 不论在单独或公开的会议里，均征求他的意见。

(2) 公开表扬，私下责备。

(3) 经常说“谢谢”和“请”。

(4) 经常写些小纸条，称赞他们的表现。

(5) 送他一本关于自我成长的书籍，并在上面写些鼓励的话语。

(6) 送生日卡。

(7) 业务会议一开始就先表扬表现杰出者。

(8) 请外嘉宾表扬表现特别杰出的人。

(9) 将成功的功劳推给别人；对失败负起个人的责任。

(10) 送小礼物。

(11) 看到他们时，给他们一个微笑。

(12) 将“有什么好消息”作为见面时的招呼词。

2. 工作安全感

工作安全感来自于是否能够开发足够的潜在客户，以及是否能够完成足够的交易。

以下是一些切实有效的方法，让你可以减低团队成员的不安全感：

(1) 传授10种开发客户的技巧。

(2) 经常进行销售现场训练。

(3) 宣布有关潜在客户市场极为充足的好消息。

(4) 提醒每个人，让他知道自己拥有极大的潜力。

(5) 促销你的公司已开发完成的新产品。

(6) 在业务会议或个人面谈一开始时，将谈话重心放在“现在的状况还不错，而且一切都会越来越好”。

(7) 经常热烈地与他们谈论你们共同的美好的未来。

3. 归属感

你的业务伙伴们会想要确认自己是群体的一部分，而不是在群体之外。当他们有归属感时，他们将待得更久。

我记忆中最好的一次联络感情的经历是在马来西亚的沙巴攀登京那巴鲁山（Mount Kinabalu，俗称神山）。我们19个人一起登上了东南亚的最高点，高达12000英尺。我们所有人对于爬山都是门外汉，所以特意选择一条路线标示清楚，而且不会下雪的路段。我们当中两名有登山经验的业务伙伴负责规划了这趟行程，所以，他们事先清楚地告知我们该准备些什么装备，以及情形会是如何。几年之后，这 19 个人中的大多数都还在公司。而且，大家对于共同攀上高山的壮举，都存有着美好而温馨的回忆。大家都把在日出时登顶的合照放在办公室最容易被看到的地方。

除了这个活动之外，我们公司有数百名以上的业务人员，会参加每个周末定期举办的徒步行走活动，每次活动时间长约 4 ~ 6 小时。许多参与者在初次参加时尝到徒步行走的痛苦后，都意识到自己运动量不足的事实，进而开始从事更多的运动——这是这个聚会带来的好处之一。

业务员是社交型的动物。他们大都友善、外向、喜欢与人为伴。一个能营造“家”的气氛的业务经理，才能满足业务员的归属感。主持互动式会议、规划公司聚餐、一起参加旅游或运动活动、带个生日蛋糕、组织一支球队、投入团体活动，这些都有助于建立起一个令人向往的工作环境。这能带来的好处就是较低的人员流动率，以及较少的“人事问题”。

4. 友善的工作环境

你的工作伙伴想要的是一个他们每天都会期待来到的工作环境。

有时老板会认为，他手下的员工应该要适应及接受他的个性。从强权统治的观点来看，这样的说法可能是正确的，但却不是聪明的。业务经理的角色并不在做业务人员的主人，而是要激励他们，让他们想要工作。你越能依据不同员工性格来调整你的领导风格，他们就会越愿意为你工作。

让业务员失去动力的工作环境，包括：

- 态度不友善的业务主管。
- 业务员的行为不被接受。
- 业务员彼此之间个性不合。
- 业务员与主管之间关系紧张。

出现这样的状况时，主管们经常会想要拖延着不去处理，期待问题会不会自动消失。可惜这种好事不常发生。一个好的业务经理对于人事问题，会积极去逐一解决。通常只要安排机会让疏远的业务员彼此交谈，或是私下与不合群的业务员谈谈，都可以缓和这类问题。

5. 权力

领导、制定决策、造就非凡成就的野心，就是形成销售传奇的本质。

几乎每一个人都喜欢受到表扬，希望拥有工作安全感和归属感，而仅有少数一些人，对于“权力”有强烈的需求。然而，这些少数人通常是有事业冲劲的好人才。只要能善加培训他们，他们就可以成为你顶尖的经理人。

对权力有高度渴望的业务员，可能是最容易管理，也可能是最难以掌握的。如果你试图过度控制他们，他们将会反抗你。通常的结果就是一连串不愉快的权力角逐。这些人会开始迟到，在众人面前挑战你，当面批评你。更严重的，甚至在背后批评你。反过来，如果你公开表扬他们的表现，并表明打算擢升他们，你将会为自己找到坚强的盟友。让这些渴望权力的人知道，你握有让他晋升的入场券。

6. 金钱

金钱，就其本身而言，就是纸而已。金钱所能买到的东西，才是让金钱成为激励因素的原因。

今天，许多关于激励的讨论都以这句话为开头：“对业务员来说，金钱并不是排名第一的激励因素。”或许真是如此。然而，纵使金钱不是排名第一，或是第二、第三的激励因素，它仍然具有强大的影响力。而且，对一些业务员来说，金钱是最主要的激励因素。许多人对于自身价值的感觉，直接来自于他们赚了多少钱。

对另一些人来说，拥有足够的金钱让他们自由购买市面上的“发烧”货，才能让他们觉得自己的地位高人一等。而如果是对一个刚经历过破产苦难的人，金钱对他而言更是一大激励因素。能被金钱激励的业务员，会愿意投资他们的时间去接受训练，让他们得以更有效率地工作，从而取得更大成功。

你的任务在于明白你的业务员有钱之后想做些什么。然后，鼓励每个人去追求他们的梦想。如果梦想是买一辆新车，那就陪同他们一起到汽车展示中心，并要一份目录。如果梦想是拥有一栋华丽的房子，那就陪同他们一起去看房子。这种“接触并感觉”的经验，会让梦想变得真实，这也是让梦想成真最重要的一步。激励你的业务员追寻他们远大的梦想。下一章我们会继续将重心放在这个“接触梦想”的重要过程上。

7. 自由

选择——是一个强调自由的神奇字眼。

谁不希望可以控制自己的工作环境呢？自定我们的工作内容、选择我们的销售重点、决定要拜访哪个客户以及何时拜访，拥有这些自由才能满足我们控制自己的生活的强烈欲望。当我们在雇人时，我们会强调这些优势。当业务员完成初步的训练，就有资格按月领取奖金，就有能力购买更多的东西。所以，我们一些积极的业务员会选择更努力工作，以及学习更具效率地工作，让自己获得更多选择的自由。

另一方面，一些人可能会利用我们工作的弹性，让自己过着更为和谐的生活。纵使这可能表示无法赚取太多的收入。睿智的业务经理也应该判断、尊重及支持做这种选择的业务员。

8. 成就感

我们多数人都需要拥有“自己是重要的、自己能让事情变得不一样”的感觉。当我们能让别人的生活变得更好时，我们的感觉会很好，就像这个故事一样：

三个女人走进一个房间，看起来相当焦虑，他们的小孩不是牵着她们的手，就是黏着她们的腿。这些母亲为她们刚学步的小孩，购买了英文家庭学习的课本。在这个研讨会上有 40 名业务员，他们全是陌生人，每个看起来都是满脸期待的样子。这些母亲开始缓慢地移动，有些尴尬地站上讲台。但是，当他们开始诉说自己的故事之后，紧张的情绪就逐渐消失，几乎忘了底下的听众。每一个都讲着他们的小孩正如何学习英文，并因此建立起自信心。这些母亲也说着他们之前为何差点没有买这些英文自修的产品，他们感谢业务员的坚持。40 个骄傲的业务员，全都感动地聆听她们所说的每一句话。每个业务员都知道他们做的是很棒的工作，因为他们能为他们的客户带来更好的生活。

我们都想要拥有“生命是有目的”这样的感觉，以及我们所做的事是有贡献的。你的业务员们需要知道他们的工作对社会、对他们的客户、对他们的公司及对你来说，是很重要的。你的责任就是经常地提醒你的业务员，他们的工作有多么重要。

有些人对于做一名“佣金制业务员”的印象并不太好。我的父亲就曾对我说：“去找个‘真正’的工作。”业务员必须克服这种负面的意识。你也要致力于消除业务员的疑虑，让他们觉得自己是重要的。不要让自己成为造成业务员觉得自己没用或对自己有所疑虑的来源。相反，你要让他们相信可以从你身上获得鼓励，并经常提醒他们：他们让事情变得不一样了。

以下是一些让你可以培养业务员成就感的方法：

- 分享一些有关你们的产品如何帮助客户的“好消息”。
- 请你的业务员协助你处理有关训练及管理上的事务。
- 作决定之前，先征求业务员的意见。
- 让你的业务伙伴知道你信任他们。
- 告诉你的团队成员，他们是重要的。

9. 训练及自我改进

当问到“你想要在事业上有何发展”或是“你希望在你的生命里成就些什么”时，最常得到的答案就是：“尽我最大的努力。”

这个普遍的答案显示为什么完善的规划及训练是非常重要的事情。

你的工作就是要满足这些人不断改进的需求。好的训练是一个相当重要的激励因素。虽然有时我们会将销售训练当成增进公司营收、让我们赚更多钱的工具，但是，我们也不要忽视了好的训练所能带给业务员的满足感。

10. 前后一致的领导

没有人想在一家主管或公司政策经常改变的公司上班。

你是否是一个经常会让手下这么想的主管："我们老板今天心情如何?"如果是的话，你正在侵蚀你自己的领导效力。

多数成功的业务经理都有稳定的领导风格。他们不会从独裁者变为辅导者，再变为劝说者、民主者，然后又变回独裁者。他们每个人都拥有前后一致的领导风格。

虽然弹性是有必要的，但是经常改变一项特别的政策，或是在同一时间修订许多政策，如此种种都会打击业务员的士气。举例来说，如果你经常更改业务会议召开的时间及频率，这可能意味着你不是一个有原则的人。不论你将业务会议时间定在什么时候，都会有人持反对意见。虽然只是件小事，坚持会议召开的时间原则，将为你的业务人员带来稳定的感觉，进而增加他们对你的信心。

前后一致还意味着遵守公司的政策。有时业务员会收到公司一项让他们仓皇失措的政策，这时，业务经理或许会说："不用管它，我们做我们的。"这个业务经理可能相信他的方法比公司政策还要好（而或许他是对的），但结果是，这个"比较好"的方法所带来的效益，根本补偿不了与公司政策之间产生冲突所带来的负面效果。

11. 晋升的机会

"如果你想要，你就可以得到它。"——这句话开启了晋升的机会。

并不是每个人都想要升官，但是，除非你得到明确的答案，否则应该假设你团队里的每一个人都想要晋升。请在面试、新人训练时，经常地提到晋升的可能与机会。

不断宣传你或你的公司实施管理培训课程。强调管理是一步一步来的工作。提醒每个人：只有他们都成功了，才能让你实现你的目标。没有人会不喜欢你这么说："你拥有管理的潜力。"在你也在争取自己更往上一层的机会时，你必须督导你下面的人也能往上进一级，这样你将比其他停滞不动的业务经理，更不会有激励业务员这方面的问题。

12. 公平的对待

快速让一个团体消沉的原因之一就是主管爱玩偏心游戏。

瑞克是我最好的业务经理之一，他是一名动力十足的高绩效业务员。不过，他竟然和另外三名经理人背地里建立他们自己的公司，这明显违反公司的规定，于是我们在一天内开除了这些经理人。两天后，一名之前离职的低层管理人员法兰克打电话给我，他约我私底下见面。在这个约会中，几乎所有离职的优秀经理人全都现身了。法兰克说了贝蒂的事情。贝蒂是瑞克的女朋友兼业务助理，在瑞克于一间高级饭店召开他的第一场业务会议之后，贝蒂夸耀说她从饭店里偷出了浴巾，而且，显然是在瑞克的同意之下进行的。这些业务员听了之后开始怀疑，如果瑞克允许这种偷窃的事情，他们如何相信他所说的那些美好承诺。法兰克代表着这些从瑞克团队脱离的人向我表达："我们想要回来。"纵使他们先前不忠实的经理曾承诺他们更多的金钱及更快的升迁，另一位想要回公司的人——葛瑞斯接着说："你总是很公平地对待我们，我们信任你。"这是一个让我们整个公司以及我个人感觉相当光荣的一刻。

每天你可能都有机会与某人做个"秘密协定"，给予他超过别人的好处。或者，你可以选择做一个公正、不偏不倚的人。不论在客户分配、工作安排及教育训练上，坚持公平的管理原则，将能持续地激励你的工作团队。

13. 挑战

当工作出现挑战时，它将变得更为有趣。

40多年来，我听过很多业务竞赛优胜者的得奖演说，他们的演说从不令人觉得乏味。这些优胜者说："我非常想要赢得胜利，就算是一个看起来不可能战胜的挑战，但我不断努力，从不放弃。所以，我今天能站在这儿。我成功了。"这些话总是相当振奋人心。

艰难的挑战能让团队中每个成员的潜力得到发挥。让每个人觉得，如果他够努力，就有获得成功的可能。面对的挑战可能是一个预约拜访客户的次数额度，或是一个月签下10笔订单。设计一项可以让你的团队感受到朝气蓬勃的成就感的挑战。

另外，你可以利用激励人心的故事。一些关于残障人士成功建立事业或孤儿成为奥林匹克竞赛冠军的故事，都是一些相当激励人心的好题材。你很容易找出这些故事，用他们来提升团队的士气。我曾经以一趟南非旅行作为业务竞赛优胜者的奖赏。我在筹划这场旅行时，阅读曼德拉（Nelson Mandela）的自传，并受到相当大的激励。在这场业务竞赛结束前几个星期，我与亚当举行一场业务会议。亚当是一名相当努力的业务经理，他提出了他在面试新人时遇到的问题。我想到我刚读到的这本自传，忍不住提及一些曼德拉在漫长的漂泊过程中的事迹。曼德拉因为反对南非白人统治者的种族隔离政策而被监禁将近30年，但他从没放弃自己的理想。我与这名经理人分享这个激励人心的故事，曼德拉成功面对挑战的事迹让这名经理人以新的观点来处理工作中遇到的困难。

我保留最后一项激励工具：你！你的经验、你的热情、你的刺激，以及你正面的态度，这些都是最佳的激励因素。领导者的态度是具传染力的。如果你是一个无法被击倒又很乐观的人，你的业务员也将是如此。

一旦你建立起自己远大的目标，你将可以用你的热力感染给其他人，让他们跟你一样精力充沛。如果你将自己的生命视为一连串的挑战，你可以激励其他人跟随你的脚步。你拥有主张。你知道该怎么做。你的业务伙伴对此会有回应。能激励自己的人，才能成功地激励别人。当你了解你有多少不同的方法可以激励别人，你将不会再问："我如何激励那些不努力或工作态度不佳的人?"你将知道如何鼓舞士气，以及提出可以完全吸引你业务伙伴的激励因素。

自我评估

- 与我相比较，你如何提出你的激励因素?
- 最大的三项激励因素是什么?
- 你会采用哪10项整合各项激励因素的特定行动，形成你所拥有的领导风格及管理政策?
- 对你的团队来说，以你自身为典范的激励因素的重要性有多大?

你可以阅读下述关于激励的书籍:

- *See You at the Top* by Zig Ziglar
- *Over the Top* by Zig Ziglar
- *Live a Thousand Years* by Giovanni Livera
- 7 *Secrets to Successful Sales Management* by Jack D. Wilner
- *Sales Management* by Robert J. Calvin

第 21 章　设定目标的程序

> 目标是有期限的梦想。
>
> ——黛安娜·司查福韩特（Dianna Scharf－Hunt），作家

与你的业务伙伴聊聊他们的梦想。在聊天时，他们通常会透露出他们最想要的事情，也就表示，你将会知道要拿什么来引导他们。如同作家金克拉所说的："你帮助他们获得他们想要的东西，那么，他们将会帮助你获得你想要的东西。"当你帮助你的业务员学习如何让梦想成真，你将会获得更多的回报，如同下面这段回忆所揭示的：

> "是你让我的美梦成真。"这是苏菲亚说出口的第一句话。苏菲亚是我先前所带领的业务员之一，而我已经有一段时间没看见她了。那时我正在市中心，苏菲亚刚好经过，就过来与我打招呼。
>
> "你是否记得 11 年前当我拥有自己的第一间办公室时，你问我有关我的梦想?"她问。我曾经询问过许多业务经理人关于梦想的事并以此激励他们，但我却不记得这一个。于是，我开始扮演聆听的角色，希望可以想起来她所指的是什么。"那时我 29 岁，我告诉你我的梦想是要买一栋房子，并且能在 40 岁时退休，开始享受我的家庭生活。"
>
> 当她将手中怀抱的 6 个月大的婴儿放到我手中，很明显。这是个她梦想成真的证据，我们两人的眼中都泛着泪光。

你或许知道，真正的目标必须要写成文字，并且要有一套让它实现的计划。我经常为我的团队成员召开关于目标设定的专题研讨会。这是个简短，但有效用的研讨会。通常我会使用下述9个问题来帮助他们确定、看见他们的梦想，然后让他们实现梦想：

1. 到目前为止，你生命中最重要的成就是什么？
2. 在你生命中，什么是你想要让所有人大吃一惊的目标？
3. 想象你的梦想，并将它画下来。
4. 列出五项让你可以看见你梦想的事情。
5. 要实现你的梦想，需要多少钱？
6. 你每年需要存多少钱？
7. 你必须怎么做才能赚到这些钱？
8. 你完成目标的期限是什么时候？
9. 你要何时开始行动？

让我们就好像在参加专题研讨会一样，一一检视这9个步骤。对于每一个步骤，我都附上一个实用的文稿，你可以利用它作为切入这个步骤的开端。

1. 到目前为止，你生命中最重要的成就是什么

要求每一个人不要将结婚、生小孩列入答案的考虑范围。你所要寻找的是一项需要他持续投入的成就。例如毕业、买一栋好房子、升迁，或是帮助孩子实现目标。

告诉你的团队成员

“什么样的特殊成就会让你一想到就会感动？”

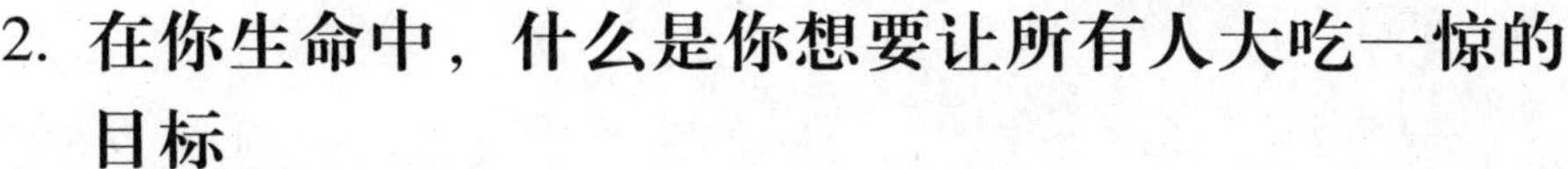

2. 在你生命中，什么是你想要让所有人大吃一惊的目标

帮助你的小组成员，将眼光从世俗的角度放得更为宏伟。请他们想象一个伟大的而令人惊叹的目标，一个激发想象力的目标。

设定这个目标的目的是要提供一个强而有力的观点，从而驱使你去克服所有面对挑战时不可避免的障碍。这个目标必须具有足够的力量，让人克服拖延的惰性，或避免因为不良的时间管理而浪费时间，以及总是为一些琐碎的事情烦心。

设定这项远大目标的目的，是要改变你业务员的行为，将他们带领至更高的成就。拥有一辆新款的大众汽车，或是搬进一栋较大的房子，这类目标虽然极具价值，但却不足以改变他们的工作行为。

告诉你的团队成员

"'令人惊叹'及'伟大'都是相当有力量的字眼。每个人都有一个远大的梦想，但多数都被埋没了。我们所有的人，在我们生命中的某一时刻都曾这么梦想：'如果……怎样'。我们想象、我们幻想、我们抛开限制我们梦想的包袱。现在，再这么做一次。这个梦想可能是一辆车、一栋豪宅、一趟三个月的环球旅行……一些令人相当振奋，而让多数人不去考虑真实性的梦想。"

"今天，就写下刺激你的想象，点燃你热情的远大梦想。"

3. 想象你的梦想，并将它画下来

将你脑海中的梦想画下来。你并不需具有毕加索般的天赋。图画能将梦想在我们心里的位置嵌得更深、更扎实。

告诉你的团队成员

"尽情享受想象的乐趣，创造梦想的图画。想象你的房子、你的梦幻假期、你的退休生活、你小孩从一流大学毕业，或是其他能激励你表现得更好的事情。”

4. 列出五项让你可以看见你梦想的事情

多数的梦想都不会成真，但他们的是可以的。让梦想无法实现的原因之一是因为缺乏后续追踪动作。单独进行梦想的研习是不够的。

传统上的追踪动作包括写下你的梦想、将它带在身上、经常读它、时常提醒自己记住梦想。这是相当有用的。我在读完《思考致富圣经》这本书后便开始这么做了。这本书改变了我的生命，因为它教会了我有关信念、执著，以及想象成为有钱人的可能性。

但是，单单如此并不总是足够的。我在各种实验及行动中，有时成功有时失败。我购卖 Earl Nightingale 及其他类似作家的录音带。他们给我提供了不少的帮助。但是，我还是无法确认赢得成功的准则。

之所以如此，是因为缺乏对欲望的炉火持续添加燃料。我迷失了 40 多次，最后终于找到让我梦想实现的准则。

我们必须持续地滋养我们的梦想，以维持它们的生命。伟大的梦想是不可在一天、一周、一个月甚至一年内就完成的。有时，它需要花上数年的时间，通过一个一个小目标的完成，才能实现这个伟大的目标。

我学会了如何滋养我的梦想。

我在第 19 章中提过，我的梦想之一是要拜访 100 个国家。曾经，我订阅了 11 本旅游杂志。我有 36 个排成一排的档案柜，有些以国家的名字作为标签，如法国或中国；有些以某个大陆块命名，像北欧半岛；有些以旅游的形态命名，像航运、铁路或探险之旅。到现在这还是我的梦想。此外，我拥有一间超过 100 本旅游书籍的图书室。每次我经过这排档案柜时，我会想到我去过的地方，以及我还想去的地方。有 200 多个与旅游相关的网站保存在我的电脑网络浏览器“我的最爱”之中。在我写这本书时，我只差 6 个国家就能实现我拜访 100 个国家的梦想。

我还收集有关销售与管理的书籍。我深受安迪·葛洛夫（Andy Grove）及杰克·韦尔奇所撰写的书籍的激励。我不仅持续学习如何强化能力，还收集一些关于如何建立一个更强大业务组织的信息。一些关于亚历山大大帝或恺撒大帝（Germanicus Caesar）等人的历史故事，也都激励着我建立自己的销售王国。在我退休的时候，我的销售团队拥有超过200名的业务人员。

虽然我痛恨被拒绝的感觉，但想到我的下一趟旅游梦想（我总是有下一趟旅游的计划），就会督促我拨打电话安排下一个客户约会，以及进行更多的销售现场训练。我必须经常提醒自己，有时我需要做一些我不喜欢的事情，才有能力去做我喜欢的事情。

告诉你的团队成员

“你可以不断提醒自己工作的目的，以及你想要的东西，以此来滋养你的梦想，累积你的意志与抱负。努力地让你的梦想成为你克服障碍及生活琐事的力量，不要让它们困住你；否则你只能成为平庸的人。”

“列出五项让你可以看见梦想的事情。如果你的目标是要拥有一辆宾士，到展示场去，拿一份目录，试开车子，订阅汽车杂志。如果你的梦想是买一栋理想的别墅，找个假日参观你心目中的梦想之屋，拍下照片，然后将相片贴在冰箱上，或是梳妆台上。”

5. 要实现你的梦想，需要多少钱

这是相当现实的问题。精确地计算，你需要多少钱来拥有你想要的东西，或是做你想做的事情？你梦想的房子要多少钱？你愿意花多少钱在旅行上？当你想要退休时，你想要过什么样的退休生活？你希望你的孩子上哪个大学？

告诉你的团队成员

“计算一下实现你远大的目标需要花多少钱。除非你知道梦想的预算，否则这就称不上是个目标。你的梦想及时间表是否切合实际？如果你一年赚3万美元，而你计划在10年内拥有一栋价值百万美元的房子，那么，你如果不想改变你的目标，就需要改变你的收入。你的目标不是幻想，而必须是切实可行的。虽然目标必须具有足够的激励性，但是，也必须是在可实现的范围之内。”

6. 你每年需要存多少钱

制作一个以10年时间，累积百万美元流动资产的规划——这是一个相当好的练习。如果你带领的业务员年年都增加，那你每年的收入也会增加。很明显，如果你花光所有的钱，你就无法成为一名百万富翁，除非是你每年另有一笔百万美元的奖金。很好的是，如果你能在业务管理上获得成功，那么，你不仅有能力增加每年的个人开销，也能增加每年存款的数字。

如果你继续编制往后5年你的收入及支出计划，你会很惊讶地发现，第二个百万美元很快就会来临。在初期，你必须逐步建立起你的销售团队，这是很辛苦的事。相对地，在前几年，你能存下来的钱也较少。但是，接下来，逐年你将可以提高存款占收入的比例，以及加上你已存下的钱为你带来的收益。你一定听过“富者越富”这句话。现在，你知道他们是如何办到的：就是他们的年所得加上存款的成长。

这里我们可以运用一下“72法则”（rule of 72）。72法则是一种在某一特定报酬率下，计算财富增加一倍所需时间的简单算式。它之所以称为“72法则”，是因为当报酬率为10%时，财富增加一倍的时间为7.2年。

使用这项法则，你只需要将72除以年报酬率。举例来说，如果你的投资年报酬率稳定地维持在8%，你的钱将在72除以8，也就是9年左右的时间后增加一倍。同理可推，12%的报酬率，会让你的钱在6年左右的时间增加1倍。而18%的报酬率，则需4年就可倍增。这通常也被称为“复利的魔法”。

你也可以用倒推的方式。假设你想在3年内增加1倍的钱，只要将72除以3，你就知道你的年报酬率必须高达24%，才能实现你的目标。

告诉你的团队成员

“在第一栏写下每年你需要存款的金额，在第二栏写下累计的存款金额。你开始思考要怎么运用你的钱。股票市场？不动产？你或许可以10%的报酬率，进行这项推算。”

7. 你必须怎么做才能赚到这些钱

多数人都明白，他们必须改变他们的收入、开销、存钱的习惯，才能实现他们的目标。业务员及业务经理比起大多数人更有机会进行这些改变，因为他们可以控制自己对工作的投入。

告诉你的团队成员

“要改变收入，需要改变你现在所做的事，包括开发客户的方法、工作习惯、聘雇更多的业务员，总之你务必改变一些事情，才可能赚更多钱，实现你的目标。”

“你要进行怎样的改变才能让自己赚到需要的收入呢？”

8. 你完成目标的期限是什么时候

希望在“某一天”能达到目标的人，几乎都达不到他们的目标。在完成目标这件事上，设定确切期限是很重要的。

告诉你的团队成员

“没有截止日期的目标不是目标，只是空想而已。对于你目标的实现，设定一个明确的日期。为了能够按时完成，依序设定相关子目标的完成日期。”

9. 你要何时开始行动

你的目标对你的吸引力是否足够，就看你是否会决定即时开始行动。

告诉你的团队成员

“为了实现梦想，你的野心是否能够强烈到足以带领你战胜人类惯有的惰性？你何时要展开行动朝你的目标迈进？如果你真的想要让梦想成真，‘现在’是唯一的答案。”

一年至少进行一次这项练习，从而帮助你的团队成员实现梦想。与你的队友分享你是如何通过这样的程序实现自己的梦想的。通过分享你亲身经历的故事，将可以充分展示这项练习的力量。

自我评估

- 目前，你为你的小组成员提供何种可以帮助他们设定目标的模式？
- 你多久会对你的小组成员进行一次关于目标的研讨会？这样的研讨会是定期举行的吗？
- 你的每一位小组成员的生命中名列第一的目标分别是什么？
- 你做了什么，或你将做什么来帮助每一位小组成员实现他们的梦想？

你可以阅读下述关于设定目标的书籍：

- *The Power of Focus* by Jack Canfield, Mark Victor Hansen, and Les Hewitt
- *Rich Dad*, *Poor Dad* by Robert T. Kiyosaki
- *The Richest Man in Babylon* by George S. Clason

第 22 章　设计致胜的业务竞赛

成功并没有秘诀。它是准备、努力、加上从失败中学习的结果。

——鲍威尔（Colin L. Powell），前美国国务卿

业务竞赛最主要目的就是要刺激销售力。同样的奖励金额，以竞赛优胜的方式发出时，就会比以佣金或红利发放的方式更能刺激销售力。下面的故事可以告诉我们，虽然我们时常怀疑是否需要花时间来制定比赛规则，但到竞赛结束之时，我们就会发现一切都是值得的。

大约是在一场为期 17 天的竞赛即将结束的前一晚的午夜时分。所有业绩登记将在隔天中午截止。依据之前几个星期以来的业绩状况，大部分人都觉得最后的胜利者已经浮出水面。但实际情况却不见得如此。业务竞赛的规则设计让任何一位业务员都有机会获得胜利。直到最后一刻，没有人可以确认谁有资格获得奖金，以及谁可以获得第一名。

两个有事业心的业务员，在夜半时分还在疲于奔命：他们将目标放在 24 小时营业的机构。因此，他们开始穿梭于医院及警察局寻找客户。他们两个人都卖出了三块墓地。其中一名业务员已经可以拿到奖金；另一个则已抢到第一名的位置。我们的竞赛规则确实有效，激励了这两名业务员思考如何摆脱时间限制。

业务竞赛通常被认为是独立于薪资系统之外，纵使实际上这笔奖金与

薪资来自于同样的预算来源，分给同样的一群人，而且开支目的也都是为了增加销售额。然而，通过业务竞赛的规则，比起更改薪资计算方式，更能激励业务员的销售行为。

我们将探讨两种类型的竞赛：

- 销售金额的竞赛。一般由总公司定期主办，通常是3个月一次。
- 业务单位开发活动及短期业务竞赛，通常是时间不超过一个月的竞赛。

全公司的业务竞赛

首先让我们制定出一套可以让你主办一个超越你所预期的销售额竞赛的原则：

1. 建立除了增加销售额之外的明确目标。
2. 尽可能让竞赛结果在最后一秒才揭晓。
3. 设计一套让每个人都可以公平参与的系统。
4. 提供吸引人的奖励。
5. 持续进行业务竞赛。

让我们更深入地讨论这些原则。

1. 建立除了增加销售额之外的明确目标

对于所有的原则，业务经理应该最优先考虑的两项要素分别是：

首先，当前业务竞赛的竞争性如何？有没有什么改变可以让下次竞赛更加精彩的？

其次，你想要推广怎样的销售行为？目前公司有什么目标需要决定，或是有什么问题需要解决？

这是一个考虑将“改变业务员的作为”加入竞赛计分的时刻。比如说，达到某一个线索转换率的标准，自主产出订单的百分比（不依赖公司线索)，接获自动分期付款的订单，或是任何其他会让你的销售力更加强大的事情。

2. 尽可能让竞赛结果在最后一秒才揭晓

当人们可以预期谁是优胜者时，这个竞赛规则便是有瑕疵的。如果在竞赛的第一个月，鹿死谁手已经昭然若揭，那么，剩余的两个月便无法收到竞赛的效果。可能的情况如下：

(1) 领先的业务员在知道自己胜券在握时，可能会松懈下来，并让自己未来的表现往下滑一些。
(2) 一开始落后的人可能会认为这个竞赛离他们太远了，从而说出这类丧气的话："我并不需要业务竞赛的激励"或"公司让每个人签下单笔订单的奖金更高些就好了"。

业务竞赛的目的，不仅是要让第一名的业务员获得奖金而已。好的业务竞赛会让好的业务员呈现极致的能力。同时也提供给表现平平的业务员一个机会，让他们决定是否要尽最大努力成为公司的重要干部。

3. 设计一套让每个人都可以公平参与的系统

在赛马场上，跑得较快的马会被架上较重的马鞍，从而让下注的人比较不容易预测到冠军。对于业务竞赛，有两项设计公平条款的原则：

(1) 将比赛分成3～4个阶段。
(2) 将比赛分级，依据业务年资将具相同竞争力的人安排在同一层级。

分阶段

将比赛分成3～4个阶段，每个阶段为期4～6周。每一阶段的优胜者可以获得当阶段的分数。第一阶段的第一名可以获得20分，第二名获得19分，不论第二名落后第一名的业绩数额多寡，他们的积分差距都是一样的。这会让业务员从头到尾都尽心尽力，以求最好的表现。棒球、篮球及足球联盟，也都使用类似的方法。他们经过每一季比赛的历练，以求最终进入年度总决赛。年度总决赛比季赛更为令人兴奋，但是，前提是你必须在季赛中表现良好，才有机会进入年度总决赛。

分层级

依据业务员的年资，将他们安插到各个竞争的层级中。这意味着业务新人们将有自己竞争的专属一个层级。如果业务新人必须与老人竞争，不仅他们获胜的机会渺茫，更可能让他们灰心丧气，形成“为何要努力工作，反正我又赢不了”的自暴自弃心态。只有与自己实力相当的人一同竞争，才能激发起争取胜利的斗志。

相同的理论也适用于业务经理层级。然而，不同于业务员的分级是依入行年资，业务经理的分级是依据一段特定期间累积的业务量而定。在胜利的奖座落入谁手情况未明之下，参赛者都会更加努力以实现更高的业绩。

4. 提供吸引人的奖励

在历经 40 多年的业务管理生涯之后，我发现最能激励优秀业务员的奖赏，就是招待他们到他们想去的地方旅游。第二个有激励效果的，就是最新科技的电子产品，如 40 英寸宽屏幕的液晶电视。你可以参阅许多适合提供作为奖赏的商品目录。要注意的是，这样的奖赏是否能激发业务员就算在周末也尽心工作的情绪？

5. 持续进行业务竞赛

我想起关于一家公司新上任执行长的故事。这位执行长问他的一个业务经理：“为什么 8 月及 2 月的预计收入比起其他 10 个月都来得低？”“哦，”这名业务经理回答说，“这两个月刚好是业务竞赛的空当。”在经过简单的讨论后，大家同意在每次的业务竞赛结束之后，再也不空留一个月的时间让业务员“休息”。

如果业务竞赛能增加销售额，那么，就应该总是进行着某个业务竞赛。如果业务竞赛无法改进业绩的表现，那么，就改变竞赛的规则或停止浪费钱来举办竞赛。当销售额在竞赛的最后一段时间突飞猛进时，你便知道，这个业务竞赛是有效用的。

业务单位开发客户活动及短期业务竞赛

除了定期的业务竞赛之外，短期的比赛，通常是一些增加业务开发的活动，能为每日的工作行程注入乐趣及惊喜。以下是一些举办地区性业务竞赛的原则。

适度的开支

地方性业务竞赛所要强调的不应该是奖品的大小。一名业务经理之所以想要为地方性竞赛提供大奖，通常是因为缺乏好的管理制度，而临时采用颁奖这样的替代制度。以地方的层级来说，竞赛的激励因素来自于竞争的精神，以及想要获胜的欲望。

强调开发客户活动

在全国性的层级，业务竞赛必须将重心放在订单上，因为评估单一业务员的开发行动是否成功是件困难的事情。但是，在地方性的层级，业务经理必须强调开发客户活动，激励业务员积极寻访可能的客户。

拥有乐趣

地方性的业务竞赛应该是充满乐趣的。当完成一笔交易时敲响钟声表示庆贺，送红玫瑰给当周竞赛优胜者的配偶，至于落后的团队必须帮优胜的团队擦鞋，或是给落后的团队吃爆米花，而请优胜的团队享用牛排大餐。地方性业务竞赛有部分乐趣来自于业务经理与业务员共同的脑力激荡，为这个小型的竞赛想出疯狂、古怪的构想。地方性业务竞赛的目的就在于拥有乐趣、激起竞争的火焰，以及对于努力者的付出给予肯定。

短期竞赛

我最好的小型竞赛之一是名为“打败老板”的活动。当我必须离开办公室几天去参加会议时，我会刺激各个团队趁老板不在时拥有更好的表现。业务经理与资深业务员间可以进行一场小金额的赌注，看看在我不在的期间，他们是否能拥有超越过去4周以来的平均销售额。为了给予更多的鼓励，如果他们的表现比起之前的平均值还要高出25%，我会再额外支付两倍以上的奖金。

不论是长期还是短期，全国性还是地方性，以订单或开发潜在客户为竞争基础，所有的竞赛都具有提高销售额的潜力。想想在奥林匹克运动会上，田径赛及球类运动通常是最引人注意的。6～8名来自世界各地最顶尖的运动高手齐聚在起跑点，当枪声响起时，每一个运动员都想要在几秒的时间内表现得比其他人更好。几乎每隔4年，就会有新的世界纪录产生。想想看，如果每个赛跑者不是与其他人竞争，而是自己跑自己的，结果会如何呢？每一个人分开计时。每个人都跑完后，速度最快的人便被宣布为优胜者。这些赛跑者，独自跑的速度是否会像与其他竞争者一起跑时那般快速？我想我们大多会同意：在看得见竞争对手的情况下，参赛者更会尽全力以创造最好成绩。

所以，对业务员来说也是如此。好的业务竞赛会产生像奥林匹克竞赛般的刺激，激起业务尖兵的斗志，让他们在竞争的激励下，展现出最佳的成绩。

自我评估

- 你如何利用全公司的业务竞赛？
- 你是否经常检视竞赛的规则，并指导你的业务伙伴如何提高获胜的几率？
- 在竞赛期间，你是否配合着更多业务开发及招聘新人的活动？
- 你是否在业务会议上检查目前的排名？

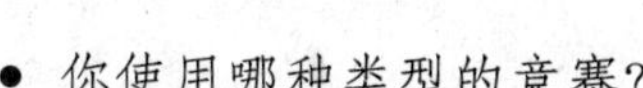

- 你使用哪种类型的竞赛?
- 你付出多少心力在制定比赛的规则上?
- 你多久为开发潜在客户的活动提供奖赏?
- 你将有哪些改变，以更好地利用业务竞赛所激发出来的竞争精神?

虽然市面上并没有专门讲述直销产业业务竞赛的书籍，但是有许多关于电话营销的书籍，可以向你提供相关的概念：

- *Motivating with Sales Contests*: *The Complete Guide to Motivating Your Telephone Professionals with Contests That produce Record-Breaking Results* by David Worman
- *Fun and Gains*: *Motivate and Energize Staff with Workplace Games, Contests, and Activities* by Carolyn Greenwich

第七项关键行动

管理

彼得·德鲁克说过："领导人的任务是做对的事情，管理者则是把事情做对。"在这个单元当中，我们将以四章的篇幅来介绍4种管理活动：

1. 时间管理，包括利用四维时间方格，把焦点锁定在你的老鹰和活动规划上。
2. 顾客服务，可以帮你带来更多推荐和提升。
3. 销售工具，包括开发客户的工具，成交赠品和展览会销售辅助工具。
4. 电子设备对于直销产业的冲击，包括网络、电脑、笔记本电脑业务，以及让我们的生活更有趣也更方便的软件。

第23章　改善时间管理

每一个人，甚至包括洗澡的人都有自己的想法。所有洗澡的人在淋浴、擦干及其他相关的动作上，都会有所不同。

——诺伦·布西尼尔（Nolan Bushnell），电脑程序设计师暨执行主管

业务经理有机会（以及义务）管理的不只是他自己的时间，还有所有组织里的人的时间。或许以下的故事可以让你明白，为什么要把时间集中于必要之务是如此重要而困难的事。

“我要如何去激励手下那些业绩表现不好的人?”这个问题来自于一名刚刚完成时间管理课程的业务经理，他才上任不久。年仅22岁的卡萨是公司里的明日之星，他之所以声名大噪是因为他在23小时的业务马拉松赛中，去拜访5个家庭介绍产品，卖出5张订单。为了达到这个目的，他还驾车横越1000英里的路程。

这是个错误的问题，但我却常常听到有人问起。为了某些原因，这一回我提出一个相当具有启发性的答案。不只是当时的听众群记得这个故事，甚至还传遍整个公司，并且自此被一再地重复提起。当时我的回应是：“卡萨，你的任务是去找到办法让你的老鹰飞得更高，而不是要你的鸭子飞离地面。”从此，我开始在我的时间管理销售课程中发送黄色橡皮鸭和骄傲的美国老鹰石膏像。

业务经理如果把90%的人力管理时间花在老鹰或是他们新招聘的业务

人员身上，就能够将效用最大化。这样的人可以建立起自己的销售王国。

当然，对于其他的业务人员，你的态度要温和，善待及欣赏表现不佳的业务员也是一门重要的管理艺术。但如果你期待创建出一个伟大的业务组织，你不可能给他们太多的“治疗时间”，你必须作出明确的抉择。

要让你的业务管理生活轻松一些，可以通过：

- 把时间花在对的人身上。
- 做对的事情。
- 分责授权。

就是这么简单，也就是这么困难。

佣金制度、资格核薪与奖励制度的众多优点之一，是在理论上让每一个人以最能提升业绩的方式去利用一分一秒。但实际上，这很难做到。为什么？

我无法百分之百确定答案是什么，但对此确实有些想法。

首先，大多数业务员的本性——当然包括大多数业务经理——就是对人友善而且健谈。但销售管理的成功需要你认清：业务员具有浪费时间的特质。业绩表现不好的人，多半具备光说不练的特征，他们空有很多“好点子”，但只会一天到晚抱怨，或者凡事都只是出一张嘴。面对这种情况，业务经理们的回应方式经常是太客气了。很多业务经理的痛苦都来自他们要学着去说：“我很想要跟你多聊一点，但是我现在必须去……”坦白说，当业务经理问我怎么样去处理这一类状况时，我都会怀疑这名经理是否具备成功业务经理的特质。

其次，我们大多数人都希望自己是一个公平的人。当然，我们应该要公平，但是当公平被误用为平均分配自己的时间在每一位业务员身上时，其实是对表现好的业务员不公平的事情。表现前20%的业务员应得的奖励之一就是获得他的老板较多的关注。这个特权是他的努力换来的，而且是应得的。

再次，人们都有“拯救”他人的愿望。我们看过很多人为了拯救另一半脱离酗酒或赌博的恶习而努力不懈。业务经理之所以能够爬到这个位置，是因为几年来他成功地把潜在客户、业务员甚至老板的视点都转向了自己。我曾经听过部分业务经理因为把时间花在表现不佳的业务员管理活动上，所以不得不停止或延后招聘新人的活动（因此业务组织停止成长），毫无意外地，如此行事的业务经理最终都会走向失败之途。有些时候，尽力就够了。

第四点，是因为我们的自尊。我们大多数的业务经理都想要成为一等一的激励专家，这样的专家不需要依赖前 20% ~30% 的业务员来创造 70% ~80% 的业务总额。事实上，如果真的能把每一个人都训练成具备高生产力的业务员，这何尝不是一件好事呢？业务经理面对的最大困难之一，就在于进行正确的时间管理，实现最大的销售成功率，因为这必须违背他们的天性去做事情——这样的天性会要我们花多一点时间帮助业务员改变他们的销售方式。有时候我们必须接受：有些人就是这样了。否则只能遗憾地发现在你的努力奉献之下，这些低动机与低技巧的业务员依旧我行我素。

想想你的业务组织的成长目标。你的新业务经理人力资源最可能在哪里？多花时间和你的老鹰在一起，这不只是为了激励他们维持或超越高水准的销售表现，也是为了带领他们前往管理阶层。

尽管会有种种的社会压力，加上人倾向把时间花在错误的人身上的天性，但赢得胜利的业务经理必须拥有坚定意志，把时间花在老鹰与新人身上。他们知道从新人中找到老鹰的可能性，远比把鸭子变成老鹰的几率高得多。

现在，我们继续探讨你要如何把焦点集中于自己做得最好的事情上，以求时间应用实现事半功倍之效。如果你可以从事每小时赚 100 美元以上的活动，就应避开获利较小的活动。聘用有能力的人，每天做好规划，安排自己从事高价值活动。

业务秘书／行政助理

业务经理如果不找人帮忙，可能会整天陷入文书工作当中。“帮忙”，通常意味着需要一位秘书或行政助理来协助你，不然文书工作很有可能会压垮你。想象自己是一只被放在冷水锅中的青蛙，如果锅以缓慢的速度加热，青蛙就不会注意到自己处于被烹煮的状态，当然也不会从锅里跳起来。只有一名业务员要管的低层经理当然不需要秘书，但是如果是有100个人要管的业务经理，就一定要找人协助行政工作。所以，业务经理什么时候需要聘用一个秘书？答案很简单：当你把花在和文书工作起舞的时间，成为不去执行重要获利工作的理由或借口时。举例来说，当一名业务经理说“我没有时间自己去写订单”的时候，就是他至少该聘用一名秘书的时候了。

我曾经听业务经理告诉我说：“我负担不起请个秘书的费用。”但我认为：一旦你要管理10个以上的业务员时，你就一定得花钱请人帮忙处理日常行政事务。这是个简单的数学问题。先想想看：当你做下列事情的时候，每个小时可以赚多少钱？

- 自己去写订单。
- 招聘。
- 训练。
- 激励业务员。
- 处理文书工作。
- 订单服务。
- 在报纸上登招聘广告。
- 去邮局。
- 管理行政事务。
- 整理税务记录。
- 复印训练文件。

当你进行业务管理活动，包括进行个人销售时，可以拿到多少时薪？现在再计算一下，如果你付钱请一位秘书协助处理你的行政工作，你一个小时要付多少钱给他。有没有什么差别？

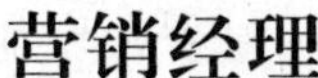

营销经理

你的责任是协助团队的客户开发活动。在书中第二项关键行动的章节中，我们详细列出很多你可以用来产出更多线索的营销活动。你必须花多少时间来预约摊位场地、跟别人购买直销邮件所需的客户名单资料库，或是计划与执行免费取阅架或在办公室发送传单等这类的导引性营销活动？一名受过良好训练而且态度热忱的营销经理，能够产出远比他的薪资、花费成本更高价值的业务量。

如果你要执行所有的营销计划活动，同时又要负责一切业务经理应该承担的责任，根本是不可能的。但只要拥有一名营销经理，就可以让你释放出很多宝贵的自由时间，去做一些只有业务经理可以做的事情。销售金额的成长与持续性招聘，都有赖于廉价的地方性线索。把这种营销职责分派给你的线索生产经理，让你有多余的时间可以扮演好其他效用更高的角色。

善加利用分责授权的完美结局就是：一名受过训练的营销经理，通常可以比业务经理承担更出色的营销工作，因为营销经理把所有的时间都投注于生产线索上（当然，前提是你不能够把个人或秘书的事务丢给营销经理去做）。

为成功做规划

有组织力的业务经理，能够按照 90 天的日程安排来做事。你的组织越庞大，你就越需要提早做规划。90 天的日程安排是时间利用效能发挥到最大极限的超强工具，并且可以让你照顾好自己的生活。在这份 90 天的日程安排中，你必须安排时间进行个人销售事务（我通常是星期五至星期日）、招聘、训练、业务会议和管理发展等活动。甚至包括短暂的休息时间、周年纪念的晚宴、学校的活动及一些杂事，都必须列入你的时间规划当中。

90天日程安排还可以避免耽误工作。进行3个月时间的日常规划，好处于可以先预定开发客户活动。如果你总是面临这一周没有足够的线索量后，才急着和某一家购物中心签订摊位合约的话，这实在是天底下最令人沮丧的事情。

让你业务组织里的所有人都持有这份日程安排。只要瞄一眼，所有业务伙伴就会看见未来3个月内的活动安排。更好的是，你的日程安排可以立下良好典范，让每个人都学习你这么做。

时间方格

只要画两条线就可以画出一份时间方格。一条垂直线和一条水平线在中间交错，分割出四个区块，每一个区块分别标上：

- 紧迫与重大。
- 非紧迫与重大。
- 紧迫但非重大。
- 非紧迫但重大。

几乎是你所有的活动都可以分别归类于这四个区块当中。其他类似的象限分类表有很多，但这一个是史蒂芬·柯维在《高效能人士的七个习惯》一书中特别提出来的。

把你大多数时间花在右上方的表格中："非紧迫但重大"，这就是以一种"在重要事件变成紧迫之前就完成它"的态度去做事。比方说，一名业务经理总是让自己在星期一早上之前预定好5~7个销售约会，一旦养成这种习惯，就表示他把约会设定当成"非紧迫但重大"的事件来看待。而如果一名业务经理在星期一早上的时候还要花时间处理"紧迫且重大"的事情，这就是他没有事先规划的下场。

"紧迫"，意味着必须做一些"最后关头"的活动，来解决通常只要事先规划好就可以处理得更好的工作。在两个上方的方格中，活动的重要性是相等的；不同之处在于规划与预期的专业程度。在完美的状况下，应

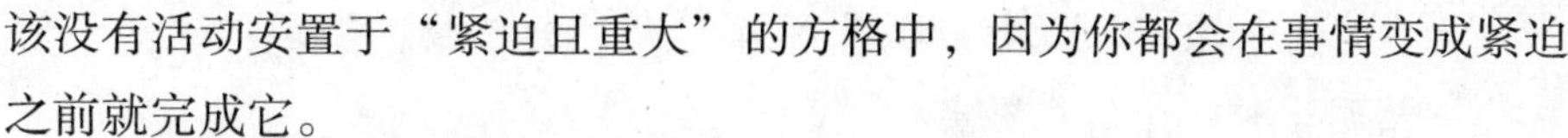

该没有活动安置于“紧迫且重大”的方格中，因为你都会在事情变成紧迫之前就完成它。

“紧迫且重大”的活动不是因为非意料中的危机发生，就是不善规划的结果。如果你在购物中心有一个销售摊位，但时间到了却没有人出现，你就必须立刻终止手边的事，想办法立即调派人手到摊位报到。这种事发生一次，可能是无法避免的突发状况之一，但如果发生一次以上，就表示你有管理上的缺失。

接着看到下方的两个方格，我把它们称之为“时间贼”。下方左边的方格“紧迫但不重要”，包括所有琐碎耗时、会造成干扰又很难避免掉的工作。讲电话就是“紧迫但不重要”的活动之一，你必须马上就接电话，因为这可能是一个紧急电话。理想的状况是，你可以要求业务员只在一天的某一时间段打电话给你，不过，我们面对的是一个关于人的事业，如果我们强制执行这样的政策，就很难享有团队的支持与忠诚。打电话到你家里或办公室打扰你的业务员，通常态度都很着急，但其实不一定是为了重要的事。尽管如此，你还是很难开口说：“我很忙，现在没空跟你说话。”有时候你的业务员需要你花时间来辅导，就算是为了不重要的事情也一样。因此，你必须慎选哪些人值得你这样耗时。

良好的时间管理代表你不会过度占用其他时间来从事“紧迫但不重要”的管理活动。“非紧迫且非重要”的活动是你极力想要排除的。花5分钟时间，在咖啡厅和人聊聊体育活动是闲话家常，但花30分钟就叫浪费时间。

1. 你做了什么。列出过去一个月内你曾经从事过的24个活动，把每一个活动安插到4个象限当中的适当位置。这可以让你清楚看见自己站在时间管理的哪一个位置。接着，把这24个活动依属性填写到第二张时间象限当中，同时把部分活动删除，或是将它们安插到它们应该放置的地方。
2. 10个最重要的活动。列出10个你最重要的销售管理活动。一旦你有了这张清单，你会发现自己很容易就可以把这些活动放到“非紧迫但重要”的象限中。比较一下10个最重要的“该”做的活动和你之前填写的过去四个礼拜确实做过的事情，然后把这些活动放到比较恰当的位置上。

在你填写完你一直以来的活动象限后，反省一下这样的问题：

- “我是不是拖太久才做这个活动规划？”
- “我现在是不是一直在做别人也可以做的事情？”
- “我现在所做的事情是不是都不是应该做的？”

一旦你完成以上两项练习，问问你自己：“我对于自己的时间安排满意吗？”如果答案是否定的，现在开始要做什么调整？

如果你一个月后再进行一次这个练习，也就是在你拿掉了“非紧迫且非重要”的事情，而把时间用于较为重要的管理活动后，你的时间方格应该有些变化。

将这个时间管理象限理论付诸行动，落实于你的日常时间管理系统当中。你的90天日程安排的目的是尽可能把许多重要的功能，诸如销售、招聘、训练及业务会议，都安排到右上方的“非紧迫但重要”象限中。如果你的右上方方格扩张，而左上角方格萎缩，业绩一定会因为你把时间花在重点事项上而蒸蒸日上。

紧迫感

“昨天就做”，对于业务经理来说是相当不错的座右铭，拖延是所有管理之大恶，而且对业务经理来说更是如此。把开发客户的事拖延到明天，是因为逃避拒绝；把两个业务员之间的纷争调解拖延到明天，因为这是一件吃力不讨好的事；之所以逃避作决定，是因为你不是那么确定（或者永远都无法百分之百确定）你的决定是不是零风险。颇具讽刺的是，如果你能够拿紧迫感来处理你的工作，你永远都不必把时间花来处理“紧迫且重要”的方格。习惯于拖延的业务经理，总是要花很多时间痛苦地处理紧急事件，而这都是因为他没有及早把事情安排在“非紧迫但重要”的方格中。

让我们回到刚刚提出的3个拖延案例中：

1. 开发客户。当你尽快去执行自己的任务时，就可以更有效率地应用时间，事情也会做得比较好。如果告诉自己说："我明天会去预约销售约会"，其实只是一个借口。延后开发潜在客户的活动会加重你的罪恶感，而这只会带来削弱你能量与解决问题能力的负面影响。
2. 排解纷争。你越是逃避处理纷争，就会浪费你和你的团队越多时间。原本该拿来赚钱的宝贵时间，却被拿来思索——其他当事人也是如此。在第一时间，立刻打电话给双方当事人，并且找出办法来解决问题。你越快解决纷争，影响就会越小。把这个插曲解决之后，你就可以把自己和自己的时间持续锁定在具生产力的事务上。
3. 作决定。没有任何决定是零风险的。仓促作决定可能会带来不幸，但另一方面，拖延决定本身就是一个决定。对你来说最好的方式是根据所有已知的真相，作出合理的决定，然后就放手去执行。

帮你的销售团队进行时间管理

到目前为止，我们所强调的都是业务经理如何安排自己的时间。接下来，我们要看的是业务经理在时间管理上的第二项任务：如何去协助业务员更好地利用时间？

大多数业务员每周都花不到10小时的时间进行面对面销售活动。利用下面的练习来检视整个团队真正的销售时数。

要求你的业务员写下最近一个礼拜的销售活动，并回答下列的问题：

- 他们向决策者进行过几次演示（向秘书或另一半等这些非决策者做演示都不算销售时间）？
- 每一次的时间有多长？

他们的回答可以显示每一位业务代表在进行面对面销售演示上所花的销售活动时间。也就是说，这个时间不包括开发、开车、参加业务会议的时间。

致胜者通常一个星期至少花 25 个小时进行面对面销售。他们把火力集中在这里。他们都是时间计较大师，千万不要挡住他们的路！而这些人就是能飞得最高的超级老鹰！

对于大多数业务员来说，快速增加业绩的最简单方式，就是把更多的工作时间转移到确实的销售时间上。虽然你无法直接影响单一销售演示的结果（除非你和这个人在一起），但你至少可以去影响业务员的销售技巧（通过训练）和时间管理。无论一个业务员的性格、热诚与能力如何，只要他和更多潜在客户交谈，就一定可以卖出更多产品。

以一个星期增加 3 小时的方式，来帮助你的业务代表增加他们面对面销售的时间。这么做听起来负担并不大，但实际上增加 3 小时等于是增加 30% 的销售时间，一旦他们把销售活动时间增多到这个程度时，要求他们一个礼拜再增加 2 小时的销售时间。同时协助那些表现不佳的业务员，将销售时间从一星期低于 5 个小时增加到 7 小时。

这里向你提供一些秘诀，可以有效帮助你的业务员作出更好的时间规划：

1. **30 天规划表**。销售管理者需要的是 90 天日程安排，而业务员的则是 30 天，但必须每日更新。这个规划表包含预定好的销售约会、销售会议、打算参加的训练，还有最重要的是确切的开发活动日期与时间，比如摊位轮班时间，或是拨出来进行电话拜访或其他直接接触形式的开发客户时间。
2. **将开发客户时间换算成为赚钱时间**。如果花 3 个小时的开发时间可以获得一次销售演示的机会，而三次演示就可以拿到一张订单。那么如果一个月要拿到 9 张订单的话，要花多少时间进行开发活动？这个听起来是再简单不过的数学算式，但却很少有业务员可以回答这一类的问题。通过这个数学运算的式子，把开发时间转变成为收入。每一个业务员都知道他写一张订单可以拿到多少佣金或红利。身为业务经理，你可以把一张订单的所得转换成开发时间的时薪。举例来说，如果艾美的目标是每个星期9张订单：

◎ 她知道自己要进行27次销售演示，因为她的成交比例是33%。

◎ 既然要花3个小时的时间才能开发到一个有意愿观看演示的潜在客户，所以艾美知道自己一个月需要安排81个小时或每一周20个小时的时间来进行开发活动。所以艾美确切的目标是进行开发活动。

◎ 再更进一步来看，艾美每一场演示平均是90分钟，而她要进行27场演示才能获得9张订单，也就是一周40.5小时的工作量。把这个加上艾美开发客户的时间，我们可以得知她一个月总共要花121.5小时的开发与销售时间。

◎ 因为艾美每个月的平均收入是3600美元，所以她每一张订单平均可以拿到400美元，把这个数字再除以121.5小时的销售时间，我们可以看到艾美的平均时薪是29.63美元。所以这可以帮助艾美知道当她在拨打拜访电话、在购物中心的摊位上工作或发送传单时，每个小时可以赚到30美元左右。

◎ 最后进入目标设定阶段，艾美经过计算后得知自己每个礼拜如果多做5个小时的开发工作，就可以实现她的人生目标。

3. 团体活动。逃避拒绝，是业务员花太少时间进行客户开发的第一大原因。业务员的工作可能是很孤独的。而开发的热情也会逐渐消退甚至完全消失。身为业务经理的你，可以在你的90天日程安排中加入团体开发活动，帮助大家击退这种消极逃避的心态。像是电话聚会及摊位轮班，都是业务经理协助他的业务人员花更多时间开发与销售的绝佳办法。

50美元法则

“50美元法则”（The ＄50 Rule）要告诉你的是：当你手下的业务员为了某个销售或招聘活动，跟你要求50美元以下的成本时，你都可以答应他。当然，不一定就是50这个数字，总量要视情况而定。给资浅经理的额度较低，若是给资深经理则可以提高额度。或者，你也可以用销售产品的价格来决定额度。重点是，只要价格没有高于你预先设定的额度时，不管是20、100或其他你可以接受的数目，你都可以爽快地说好。这样可以节省你的时间，你不应该把时间花在“紧迫但不重要”的事情上。如果花上30分钟来考虑50美元的花费，实在是太划不来。对于少量金额的请求直接说好，同时可以避免自己被贴上“铁公鸡”的标签。每一个人都喜欢得到对方爽快的同意。你就当个英雄，直接把它给业务员吧。

待办事项清单

将你的待办事项列印出来或放在PDA里面，这么做不但可以随时提醒自己该做些什么，也可以让自己作出符合时间管理方格的优先选择。当你看着自己的待办事项清单时，你可以一眼就清楚地看到自己该做的每一件事情，并从中挑出最重要的事先做。

时间管理是程序、训练及意志力的组合。首先，你要发展出一套时间管理的规划；接下来，你需要按表操作并养成习惯；最后，你激励自己完成所有程序以达到最大化效应。这套胜利公式绝对可以通过更好的时间管理来保证销售成长。

自我评估

- 你现在想要采用哪一种日程安排?
- 你的日程安排中包括3个月内的开发活动吗?
- 你可以想出三种改善你时间安排的方式吗?
- 你可以做些什么来让你的业务员每个星期增加3小时的销售时间?

以下书籍可以帮助你进行更好的时间管理：

- *The One Minute Manager* by Ken Blanchard and Spencer Johnson, M. D.
- *One Minute Sales Person, The Quickest Way to Sell People on Yourself, Your Services, Products, or Ideas—at Work and in Life* by Spencer Johnson, M. D.
- 10 *Secrets of Time Management for Salespeople: Gain the Competitive Edge and Make Every Second Count* by Dave Kahle

第 24 章　推广高品质顾客服务与销售升级

利用机会！所有的生命都是一种机会。走得远的人通常都是那些愿意而且敢做的人。

——戴尔·卡耐基（Dale Carnegie），励志作家、演说家

想赚很多的钱，最容易的方法就是利用售后服务。把东西卖给陌生人经常要花很多工夫，但如果要把东西推销给满意的老客户，就不费吹灰之力。“卖了就算了”已经是非常过时的想法。

“锡人”已经寿终正寝，希望他永远安息。由理查德·德雷弗斯（Richard Dreyfus）和丹尼·狄维托（Danny DeVito）在 1987 年共同主演了电影《锡人》（*The Tin Man*），是一部向糟糕业务员“致意”的黑色喜剧。剧作家亚瑟·米勒（Arthur Miller）在 1949 年的经典戏剧《推销员之死》（*Death of a Salesman*）叙述的则是一位最后得了精神病的业务员一生不断追逐梦想的过程。戏中的主角威利·罗曼和他的儿子毕辅都具有悲剧性格。这个故事诉说着一个不得志的业务员残酷的一生，也正是在这样的背景下，在我在投入这个产业的前几年，都一直思索着如何找一份“真正的工作”。我希望你不必重复我在职场前几年当中的疑虑。看完下面这一个故事，你或许就可以理解。

在一次私人旅行中，我到波多黎各的圣胡安（San Juan）与克鲁兹（Joe De La Cruz）见面时，讨论到关于正确与适当的销售行为。克鲁兹当时是 Caribe Grolier 公司的总裁，他对我说：“迈克，我知道

你们这些美国小伙子从来不好好推销书。为了顺利进到客户家中，你们一直采用‘免费广告优惠’推销法来做幌子。如果我是你的顾客，后来发现你在我家说的都是些不尽正确的话，我一辈子都不会再从你那里买任何东西。”

从那之后，我开始学着推销书籍。从我决定“直接告诉他们我卖什么”的销售演示之后，连续七天的时间连一张订单也没拿到。然后，就在第八天的时候，我终于写了两张订单，并且在第二年得到了300份订单，往后四年的时间业绩也蒸蒸日上。当我使用“广告战术”推销法的时候，我一年从没获得超过150张订单，而那种手法正如克鲁兹所说，是不太诚实的方式。就因为如此，所以我会逃避售后服务，免得看到顾客时觉得不好意思。后来，我学会了建立关系，并赢得许多引荐而来的订单。

我和一位以顾客为中心的总裁两人间的私人对话，事实上正是当时大多数直销产业的写照。在直销协会（Direct Sales Association，DSA）的领导下，大部分直销业都已经修正了20世纪70年代的老做法。当然，还是有一些公司及部分业务员不直接说实话，但所幸人数正在萎缩。

到了今天，灵活的业务经理使用的不只是合乎道德的销售方法，而且会以持续性的售后服务，来关注顾客的期望，通过与顾客建立长期关系来获取更大利益。

主动性顾客服务的主要优点是：

- 我们可以继续留在业界。
- 我们可以得到更多引荐。
- 我们可以获得更多订单。

留在业界

现在的消费者对于产品品质以及售后服务都有很高的期望。换言之，现在的买家远比战后年代的顾客复杂得多。像是蒙哥马利·沃德（Montgomery Ward)、史蒂倍克（Studebaker）和东方航空（Eastern Airlines）那种你根本找不到人的公司，现在都已经退出市场，取而代之的是沃尔玛(Wal-Mart)、安利、班杰瑞冰淇淋（Ben & Jerry's)、星巴克及西南航空(Southwest Airlines）等，这些品牌已经和顾客服务、优质营销成为同义词。潜在客户与买家的期望值都远比以前更高，而好公司就知道该如何符合顾客的高期望。

最近我刚买了一部新车。这是我12年来首度购买的私家新车，之前我开的一直是公司的车。我买的是雷克萨斯汽车（Lexus)，购买时考虑的主要是它的好名声；而现在，因为见识到他们业务员专业的销售表现，决定以后还要买他们的汽车。什么叫专业化销售？在整个讨价还价过程中，我从没听到他们说些像是“我要跟我的经理谈一谈，看看我能不能以低于成本价卖给你这部汽车”之类无聊而虚伪的话；成交后我还快乐地享受了一个小时的教学课程，学会如何使用各式小零件——当然是在我付费之后。交车一天后，我收到一封信，询问我对汽车的满意度。如果不是因为我恰巧出国旅行的话，我已经接到了他们的问候电话。后来，我又收到雷克萨斯寄来的两页调查表，询问我购车的经验。两周之后，我再度收到他们寄来的精致浮雕卡片，问我有没有哪个朋友见过我这部新车，而且还觉得印象很不错。卡片最后问我是否可以告知羡慕我有这部车的朋友的姓名。

我想起我到中国台湾工作的前几年，直销业务员的想法已经开始发生变化。我们一开始采用的也是“卖了就算了”的哲学，直到有一些之前卖伊莱克斯（Electrolux）吸尘器的业务代表来到我们公司，他们提及过去的经验，公司规定卖出吸尘器之后，业务员一定要亲自送货，以确认客户已经懂得操作所有的设备。因为受过这样的训练，所以这些以前在伊莱克斯而现在帮我们卖教育套书的业务员教会了我们售后服务的新观念。这几位业务代表不仅退货率比其他人低，同时也更容易拿到引荐的订单。

成功的顾客服务特征包括：

- 让业务员亲自送货给顾客，或是在公司送货后的很短时间内就登门拜访，以确定顾客知道该如何使用商品。

- 架设顾客专用的网站，设计“问题与解决办法”（FAQs）的网页，并在网站上提供能够刺激使用产品的故事。
- 发展售后跟踪接触系统，包含调查顾客满意度的礼貌电话，要求顾客填写关于他们购买经验的问卷。
- 为买家建立一个使用者俱乐部。如果你提供的优惠足够多，就可以考虑采取会员付费制度。
- 提供售后保证，包在一定时间的免费更换零件（易耗品除外，比如真空吸尘器的集尘袋或儿童用的蜡笔）。

获得更多的引荐

自从有销售开始，就应该有引荐这个概念了。而要获得引荐的最好方式就是主动关怀你的客户。这么做有两个好处：满意的客户会愿意推荐其他潜在客户给你，而你也可以在这个客户使用你的产品一年左右之后，再成功地卖给他们其他的商品。

使用满意的客户通常对于邮寄优惠广告的反应都很好。在我退休之前，公司的目标就是在顾客第一次购买之后，再卖给他们总价相当的商品与服务。在我离开的时候，目标尚未实现，但是随着售后服务及邮寄优惠广告的不断改进，我们已经离目标越来越近。

获得推荐的系统相当简单：

- 提出要求。
- 附送赠品。
- 执行一年一度的计划。

提出要求

从交易那一刻开始，不定期地跟客户要求推荐。有些新客户会在成交时就给你两个名字，但大多数人都需要说服。有个不错的方法是要求看他们的圣诞节卡片名单。超过半数人在我要求他们推荐别人时，他们一个都不会给，这没关系，只要你养成习惯跟每一个人要求推荐，总会有些顾客向你提供一个。有些新买家甚至会亲自打电话给他们的亲戚朋友，帮你确定好销售约会。虽然大部分的推荐是在销售时出现，但在货品送达之后的追踪电话或拜访，也可以帮你带来更多的推荐。几个月或一年之后的追踪电话，常常也可以帮你增加一些高品质的推荐名单。这些迟来的推荐，通常是因为某一位在你的客户家看到商品的亲戚或朋友主动询问的结果。

附送赠品

提供一份和原来购买的商品相关的推荐礼品。只要他们推荐的人也下订单的话，就把这份礼物送给原来的客户。如果这名新客户也进行了有效的推荐，同样送他一份推荐礼品作为额外的赠品。这是一个双赢的局面。

执行一年一度的规划

你可以一年一度为你的客户提供一个独特推荐优惠价，这与一般推荐优惠的不同之处在于：它有 30 ~ 60 天的时间限制。部分客户很快就会直接回应。更重要的是，邮寄的优惠券让你的业务员有理由可以多做一次售后拜访，在拜访过程中刻意提及这个特别的推荐计划。因为这个计划可以让业务员再度接触到广大的客户群，开发性接触的数量会明显增加，当然，销售量也会因此暴增。

销售更上一层楼

几年前，在进行“如何应对销售下滑”的头脑风暴会议时，营销部门的人员提出公司全球性销售升级计划。克莉丝蒂娜注意到两件事情。第一，几乎没有客户会购买公司所有的产品，就算我们备有让客户可以买下所有商品的“超级”套装方案，结果也是乏人问津。第二，有些业务员每一年左右就会回去拜访旧客户，并且成功“完成”新订单。所以，何不试试这个新方案？

然后我们就试了——结果相当地成功。以下就是我们的做法：

1. 首先，我们回顾公司所有的购买记录，整理出购买机会类型。结果发现，大多数没有购买“超级套装商品”的客户可分成五大群体。这五大群体当中的每一类客户，都需要一种新的套装方案来满足他们的需求。

2. 其次，我们邮寄出特别的促销优惠方案给不同群的客户。这些优惠包括：

◎ 一个特别的优惠价。

◎ 一个赠品。

◎ 一个在特定期限内购买即可获得的特别折扣与赠品。

3. 接着我们把这些目标消费群体的名单分派给业务员，让他们进行追踪工作。

4. 我们同时尽可能把更进一步的商业线索分派给原来销售的业务员。

在那段时间，我们的业务员平均一周签下 300 张订单，通过这个升级策略，我们几乎是在 6 周之内多出了 1000 张“额外”的订单。这些额外订单的平均总额虽然只有一开始那份订单的一半——但这些都是多出来的！销售量骤然上升。后来公司在原来的产品线增加新产生时，又执行了一次相同的升级计划。

这个计划当中有个重要的促销手法：折价。几年来，大英百科全书和世界图书出版公司在销售新的百科全书时，一直提供 100 美元左右的折价方案。

售后服务不是白花钱，而是一个赢利中心，在训练课程中你必须不断灌输这样的观念，让业务员随时注意客户的需求，必要时还要增聘非正式人员进行在线售后服务，这么一来，你就可以建立高度的客户满意度，并且和客户群维持良好的关系。

现在有很多的公司政策及引荐鼓励规划都有助于产出更多推荐的交易。不过，在你完成这些推荐与升级计划之前所做的事，会决定你成功与否。也就是说，政策与制度不是万灵丹，专业的销售活动加上贴心的售后服务才是获得引荐的关键。客户会比以往期望更多的售后服务，想做他们的生意，你没有理由不满足他们。这不仅是正确的做法，而且是聪明的做法。

自我评估

- 你向客户提供哪一种类型的推荐计划?
- 你的业务团队在训练之后拿到引荐的情况有多好?
- 你有没有关于引荐订单的年度计划,包括引荐成功时的特别优惠价?
- 你有没有跟踪客户购买后的情况?
- 你进行销售升级计划的频率如何?
- 你现在计划要做些什么不同的事情来获得更多的引荐和升级订单?

以下是与顾客服务及推荐相关的书籍:

- *Delivering Knock Your Socks Off Service* by Ron Zemke and Kristin Anderson
- *Customer Satisfaction Is Worthless*; *Customer Loyalty Is Priceless* by Jeffrey Gitomer
- 76 *Ways to Build a Straight Referral Business ASAP* by Lorna Riley
- *Endless Referrals* by Bob Burg

第25章　发展销售与开发工具

> 当你指责别人时，就是放弃了改变自己的能力。
>
> ——无名氏

你和公司要共同为增加业务员开发与销售成功的可能性负责。无论一个业务员的成交能力有多棒，他只有在用对工具的情况下才会进步。这一章要回顾一些新的高科技销售工具。后面这一则故事可以提醒我们“审视你想要什么”这一类老办法以及有效的管理监督选择。

> 我一开始一定先进行“工具检查”。身为一个有20年经验的现场经理，我会习惯性地检查一下我要拿来进行销售展示的工具箱。因为我们卖的是一套几百美元的书，所以业务员展示的样品一定要能够反映这个价值，至少外观看起来要够漂亮才行。我们的样品相当抢眼：很多彩色图片、用纸考究，包装吸引人。但是，有些业务员不太懂得外观的重要性。所以，我经常发现样品出现污点和折页的情况，这表示业务员使用时不够小心，或者是表示这些样品价格太便宜，导致他们不懂得好好珍惜，我甚至还常常看见业务员把个人的垃圾和样品混在一块儿。

在我进入直销业的第一周，我看到一个令我相当欣赏的营销工具箱，但当时没有那种营销直觉告诉自己：“每一位业务员都应该拥有这个工具箱。”身为18岁的销售新人，我被分配到一位现场经理的手下。鲍伯正在对客户进行演示，他把样书从皮套中取出来，动作就像拿着高脚杯那般小心翼翼。当时我虽然欣赏他的工具，但从没想过自己也要跟着做。我只把它当成一个有趣的怪癖——就像大多数第一回到麦当劳吃东西的人，从来就没想过他们所处的环境其实是一种革命性的成果。只有了解营销意义的人，才会知道麦当劳这样的地方具有何种含义。

我到了亚洲之后，也经常检视大家的销售工具箱，结果跟过去的发现并无两样。销售样品的外观从干净到邋遢都有。我常常习惯性地教导下一代业务经理，告诉他们让顾客看到干净整齐的材料有多么重要。同时，我也学会了如何从一个人的销售工具中学习。比方说，有些业务代表已经变成剪报大师，只要看到可以成为需求故事的文章，他就会立刻收集起来，作为自己的销售演示工具。在看到这种自制的销售工具后，我立刻把它变成自己的营销新法宝，很快，我们公司的营销部门就收集了很多需求故事，并广泛地分送给公司所有的业务代表。

不只是这些销售工具会让销售结果不同，办公室的外观也会产生影响。当然，你可以在一个脏乱的环境里工作，并一直使用过时的销售工具。我不否认，杰出业务员的成交能力仍然是销售演示中最重要的因素，但是，同时使用销售过程的辅助工具也会发生作用——可以增加或降低他们的成交优势。

业务员可以用他们自己的工具来开发客户；但是，如果由你来提供专业的开发工具，同时使用至少 10 种线索生产技巧，效果一定会更好。一旦你控制了销售工具的品质，确保自己已经提供了最好的销售与开发工具，你就有更多的机会去发现、培养优秀的业务员。

你所要提供给业务员的三种销售工具包括：销售演示材料、开发资源，以及成交赠品。

销售演示材料

因为下一章会讨论到笔记本电脑作为销售工具的趋势，所以这里我不打算多说。在这里，我们要说的是除了销售工具之外的演示工具。

通常消费者购买一种产品的时候，一般会利用两种感官：耳朵和眼睛。厨房用具销售员有时候可能够利用到嗅觉与味觉。运动器材销售员可以利用触觉（还有，我猜想，如果这名业务员过于激烈地展示运动器材而流臭汗的话，嗅觉可能会不利于他）。

最具威力的销售演示由触觉、视觉及听觉要素共同组成。展示会场之所以会成为很棒的销售地点，原因之一就在于现场可以展示所有的产品，潜在客户可以看到、听到、摸到、闻到、品尝到甚至试用到商品。

让你的演示生动化——同时让它更能奏效——问问你自己这些问题：你如何让潜在客户可以参与你的销售演示？你利用了五种感官当中的几种？

支持与控制开发材料

潜在客户对你的公司的第一印象，常常都是来自于印刷传单。这些传单可能是邮寄到潜在客户家里，或是放在商店中供大家免费取阅。我们有 20 种以上的开发工具，而这些在第 3 章到第 7 章已经详细介绍。试图建立销售王国的业务经理，必须有能力执行其中至少 10 种线索生产技巧，并且依照不同的技巧提供团队所需的辅助材料。

举例来说，电话销售指南就是一种相当有力的开发工具。任何销售的操作只要有某一部分依赖电话来定约会、确认约会或做生意，那就需要电话销售指南大全。业务员如果读过一本经过深思熟虑且测试过的电话销售指南，表现绝对会比即兴演说更好。

而且，销售指南的措辞必须经常更新，而非长期不变。如果发现特定的说法或字句会提高电话定约成功率，那么你就要立刻把这个新的说法放进电话销售指南工具书中。

如果发现团队中有业务员发送自制的营销文件时，你要特别当心。业务员需要自制销售文件，就表示至少有一位业务员不满于你和公司所提供的开发材料。有时候业务员觉得公司无法处理潜在客户所提出的问题，这类业务代表就会希望“他们的”潜在客户直接和他们联系，而不是通过公司组织。你必须根据你的开发与销售材料，找出这种事情发生的背后原因。

要习惯邀请你的顶尖业务员与你一起设计书面、网站资料。如果你邀请他们加入制作过程，他们就不会觉得有必要自己动手做宣传工具了。

戏剧化的成交赠品

每一个直销界的人都知道，最高级的成交手段就是完美做成一笔好交易。而这时候最简单同时却也最危险的成交工具，就是打折扣。对直销界来讲，折扣是一件危险的事，因为顾客都喜欢比较价格，不会有人在邻居花了 1300 美元买吸尘器的时候，愿意掏出 1500 美元来买同样的东西。同时，当大家发现所谓的“特价”其实就是永久价格时，都会觉得自己当了冤大头。

大英百科全书的鲍伯・贝斯曼就很清楚这种困境。20 世纪 80 年代初期，在他被提升为全国销售总监时，他主张要让大英百科全书永远成为最“干净”的直销公司。因此，鲍伯设定了一个对于销售对话滥用零容忍的规则。当然，鲍伯也知道业务员需要一个好的成交工具，给顾客一个今天非买不可的理由。

鲍伯想得非常透彻。就跟你我一样，他在逛街的时候也只会买下自己认为“很划算”的东西。商店都会有特惠促销，如“白色圣诞特卖会”庆祝总统就职大减价，或是圣诞节后大拍卖、周年庆特卖会等。另外，汽车公司也经常在某一段期间内提供低利率贷款方案。

因此，鲍伯一个月会展开一次当月特惠方案。举例而言，任何在 12 月购买商品者，可以半价加购一套 54 册的《大英百科全书》。到了 1 月，凡是购买者即可获得连续 10 年免费使用 20 次大英百科全书研究调查，比原来的 10 次要好上许多。3 月的时候，赠送 3 本 1768 年印制的第一代《大英百科全书》复制品。至于 4 月……我想你已经可以自己打草稿了。总之，在每一个月接近月底的时候，让业务员都有一个特别的优惠方案作为成交武器。

我自己最为成功的成交赠品经验就是赠送 DVD 播放机，当时还是 DVD 刚刚上市的时候。我在台湾地区时曾经在一家出售学龄初期产品的公司待过，他们的消费群是小孩子。当时 DVD 播放机刚上市，只有少数消费者家里拥有这种设备，但我们公司已经把录像带商品通通改成了 DVD，因此，出售新版的教学节目最大的障碍就在于：没有多少人家里有播放的机器。而且那时，DVD 播放机还是高价商品。我们的业务经理很快就意识到这一点，并建议公司如果能以比市价便宜的价格销售 DVD 播放机给新顾客，销售量一定会大幅度上扬。

于是，我们找到一家出售自有品牌 DVD 播放机的厂商，售价只有市面其他品牌的一半。于是我们重新设计产品组合，包含了 DVD 播放机的套装方案，只比原来不含者的价格高了一点。业务员们不仅同意放弃增加佣金与红利，甚至愿意贡献部分来购买 DVD 播放机。所以，消费者只要在某一时段内购买这套 DVD 教学商品，就等于免费获得一台 DVD 播放机。如此一来，业务员大受激励，消费者也同样感到惊喜。不用说，销售业绩飙升。

除了这三项主要的支持工具外，以下的销售协助也是你帮助业务人员完成更多订单的部分责任。

破关秘籍

新业务员在能够讲述一个美好的需求故事，进行一场充满热诚的销售演示后，就要开始磨练成交技巧了。大多数成交高手都会同意：你“怎么说”比你“说了什么”更重要。你的用字遣词及先后顺序，都会决定你能不能把你的潜在客户转变为你的客户——特别是对于新业务员格外重要，因为他们通常要花一点时间才能学会“如何说”比“说什么”更重要。

因此，你必须备妥一本“破关秘籍”给你的业务员，让他们在碰到潜在客户说出“我要再考虑考虑”这一类的话时，可以从秘籍中找到反驳与化解的密技。而且，消费者的借口经常更换，你也必须随之改变。

图书馆

设置一个办公室图书馆，为业务员提供销售及业务管理等相关书籍，以及这类书籍的有声版。这间小型图书馆绝对会为你带来物超所值的好处。

下一章中，我们要看的是另一种销售支持工具——网络。

自我评估

- 你常检视自己的销售工具箱，并确认自己的业务员使用的都是看起来很专业的有效销售材料？
- 你有没有维护与更新你的电话与辩驳手册？你多久进行一次版本升级的动作？
- 你用于开发客户的印刷文件看起来够精美吗？
- 你多久更新一次成交礼品？你的成交礼品是否能够促使你的潜在客户今天就下订单？
- 你多长时间和你的业务伙伴一起检视一次成交礼品？
- 你准备好破关秘籍了吗？如果有，多久更新一次？
- 你的业务单位有多少本书和录音带？你对自己的图书馆满意吗？

以下书籍可以协助你准备更好的销售工具：

- *The Sales Bible* by Jeffrey Gitomer
- *Phrases That Sell* by Edward W. Werz and Sally Germain
- *Words That Sell* by Richard Bayan
- *Better Brochures, Catalogs and Mailing Pieces* by Jane Maas
- *The Perfect Sales Piece* by Robert W. Bly

第 26 章　利用网络

> 让企业人士赚大钱的机会始终存在，关键是你得判断出这些机会。
>
> ——保罗·盖蒂（J. Paul Getty），企业家

谁能忘记风行一时的网络热潮？在那时，大家预测网络即将终结掉直销的业务模式。再见啦，购物中心及业务员！这将是个新世界，一个完全电子化的世界。

幸好，如同下面故事所显示的，有时你必须对于某些想法抱持审慎的态度。这只是一个打破“网络即将终结直销业务”迷团的例子。事实上，是网络让直销业更加繁荣。

我将永远感激迈克尔·科里尔（Michael Collier），他是我们客户服务部为了英文自修课程所聘雇的老师。1994 年，他大胆地提出要为我们的高层管理团队作一个“从网络获得业务线索”的演示。那时我很怀疑，一个英文老师与直销业的市场营销会有什么关联。然而，我们拒绝不了迈克尔的热情，出于礼貌，我们勉强给了他 30 分钟的演示时间。并且，在半信半疑的情况下，我们核定了一笔 1 万美元的预算，进行为期 6 个月的理论应用测试。没想到，这个测试为我们的事业带来了永久性改变。两年内，在那个进行测试的销售部门中，有 50% 的订单来自于网络。

很幸运，如同这个故事戏剧性的转变，原本我对于这场变革充满不

安，并一直认为“网络只是另一个让我们得到潜在客户的媒介”，但后来，网络变成我20世纪90年代最好的朋友。

通过电脑存储器不断地扩充及应用软件不断地升级，网络所引发的变革，扩大了直销业实质客户的基础。我相当讶异于网络及电脑如何大幅地改变了我在1991—2002年间的亚洲事业。在我刚上任时，我压根儿连网络都没听过，听到“Web”时还以为是件与蜘蛛相关的事情。然而，到了我要离开亚洲时，网络已经占了我们各个业务地区10%~50%的销售收入。

网络并没有取代直销业，相反，它为我们的业务带来许多价值。它是一个广大的业务机会来源。它提供一个更活泼有力的推销平台，降低了消费者懊恼的可能，并且让业务训练更为先进。当你分析这些优点，以及其他由网络、电脑带来的商机时，要不断反问你自己：“我现在使用了多少这些电子工具具有的潜在优势?”

产生业务线索

因为迈克尔·科里尔的刺激，我们开始将网站视为一种电子杂志。多年来，我们一直通过各种杂志收集业务线索，因此完整记录着在各个杂志付出的成本及所得来的业务线索与订单。要从网站上获得相同的成效，并非一蹴而就。

一开始，我们将杂志上的广告刊登在我们的网站上。然后，以付费或交换的方式，选定其他的网站，以“链接”的方式登上我们的广告。如同分派其他的业务线索一样，我们也将这些从网络上得来的业务线索以同样的方式分派出去。这对我们来讲，是个新工具，因此我们一边进行，一边学习。网络上的广告，看起来要比较有“网络”的样子。因此，我们尝试在网络上刊登我们的“英文自修商品”中的一课作为范本。一开始，从网络上获得的业务线索还不及从杂志广告得来的一半，然而，慢慢地，部分熟习网络的业务员开始学会如何接触这些潜在客户，并对他们进行销售。如前所述，我们会对“哪个业务员对哪一类线

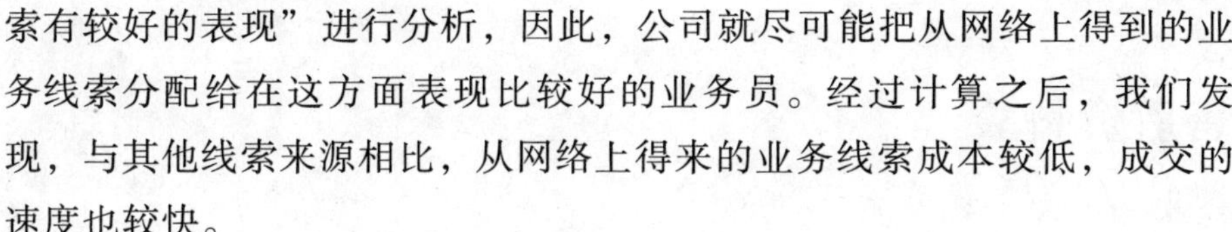

索有较好的表现”进行分析，因此，公司就尽可能把从网络上得到的业务线索分配给在这方面表现比较好的业务员。经过计算之后，我们发现，与其他线索来源相比，从网络上得来的业务线索成本较低，成交的速度也较快。

电子化工具

笔记本电脑为业务员提供了一个新的、有力的销售演示工具。它不仅为业务员提供了实质的帮助还提升了业务员的形象，因为笔记本电脑代表着高科技与现代化，这就提高了业务员及公司的可信度。而在这个行业中，可信度是一个重点。

电脑屏幕上的销售档案不仅可以复制，同时还可以添增许多丰富的视觉效果。举例来说，电脑可以储存上百页的资料，并且可以依据客户的种类快速搜寻。业务员更可以依据潜在客户的需要来修正他们的演示。不过，这同时也带来了一个隐藏的危险。一些业务员想要展示的东西可能让潜在客户觉得枯燥乏味。虽然如此，可选择大量资料的自由度所带来的利益，还是比过度使用它所隐藏的危险更多。

此外，所有的价格及付款条件都可以留存在电脑里。如果你的产品是以分期付款的方式出售，业务员将可以更容易找出适合这名客户的分期付款计划。

有句谚语是这么说的：“百闻不如一见。”人类的视觉比听觉更强烈。所以，使用可视的演示工具对于销售将更有效果。利用笔记本电脑进行演示所能产生的视觉效果，是任何彩色的书面资料所不能比拟的。

改进你的销售工具最简单的方法，就是实际观察你身边顶尖的业务员。如果你发现一名顶尖业务员从不使用产品资料夹，或是塞入一堆文件资料，那请找出原因。一般而言，顶尖业务员并不是拒绝使用公司的资料夹，而是把资料形式进行了一些修正，但却带来了更多的订单。

售后资料袋

在销售时，附上一张光盘来应对客户的一个老问题——后悔买下这个产品。不论你在销售过程最后是否已重申所有产品的好处及付款条件，但客户后悔的情况还是有可能发生的。在交易的最后一刻，我们通常会留给客户一套资料，内容包括买卖合约、详述产品优点的小册子。这套资料真正要传递给客户的信息是："请不要取消交易。"

销售演示大部分的内容都可以放入光盘中。这不仅是要提醒客户他要购买的理由，也可以帮助他让其他家庭或公司成员相信，这个购买决定是正确的。

此外，一些产品还可以通过光盘提供附加价值。在我的教育产品事业单位，我们常会在光盘内放入一些学习资料，让客户可以立即使用。厨房用具公司也可以在他们留给客户的资料内，放入食谱的资料。运动器材及健身中心则可以提供一些培养运动好习惯的秘诀。

数字化训练手册

今日，多数专业的直销公司都拥有相当完整的业务员教育训练手册，对于企事业各个方面都有清楚的介绍。与过去只有简单手稿的情况相比，这是一个相当重大的改革。

一些好的直销公司都已经或正在将产品训练资料放在网站上，让这类资料标准化，让资料的更新更为容易，也让业务员可以进行自我学习的测试。公司也因此能更方便地确认它的业务员是否已经熟悉要做好业务所必须具备的基本技能。一个好的网站不会让人觉得有距离感，而且能够因为提供培训的功能，从而增进业务员开发潜在客户及完成交易的效率。

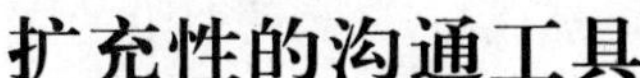

扩充性的沟通工具

电子邮件的使用，能够让你同时与一大群人联系。如果没有电子邮件，我便无法管理分布在三个国家的五个直销业务单位。从 20 世纪 90 年代开始，我每天可以有效联系的人快速增加。

各种电子化的工具，比如 Outlook Express，不仅让你可以更加容易安排你的行程，同时也让你可以将你的行程分享给需要知道的人。与你在同一销售团队的人可以随时知道你的行程安排。你也可以一眼就了解许多人的业务安排以预估销售状况。如果安排好的约会低于目标数字，你可以立即采取必要的补救行动。

业务会议

利用 PowerPoint 进行演示，会让你的业务会议更加生动活泼。复杂的概念如果通过图表来表达，可以让大家更容易理解。你不妨再回顾一下第 15 章关于这方面的内容。

即时的报告

随时都可以拿到业务及营销报告。如果事情不对劲，就可以立即针对问题采取行动。你可以从第 3 章到第 7 章看到这方面的内容。

更好的写作

你的电脑是一个相当了不起、可以帮助你思考及书写的工具。Word 可以协助你撰写信件、检查文字及语法错误，让你的信件清楚易读（不像许多人难以辨识的手写笔迹）。

Word 让我可以写下我的想法，并且允许我一再重复修正。我可以跑到偏远的海边去待几天，着手将一个复杂问题切割成一小段一小段的文字。理清一个问题，通常就是解决了一半。有时，在我写下棘手的情况时，解决方案常会神奇地跳进 Word 文件中。这是在我手写或使用打字机时，从没发生的状况。

客户服务

对于客户服务来说，网络是一个天赐的恩惠。你可以重温第 24 章关于这方面的资料。

业绩表及工资单

今日，业绩表是可以即时被统计出来的。我记得在过去，公司会在星期四关账，在星期五打印出每周的业绩表。如果即时将信件寄出，我们在星期一便能收到业绩表。

看看现在的状况。每家公司在每周或每月都有一天结账日。一旦会计部门按下“关账”的按钮，这些销售记录便会被移至另一个资料库，在那儿计算出结果，转成业绩表的形式，然后登载在公司的网站上。每个人都可以即时进入查询业绩。你或你的秘书更可以将它印出来，贴在业务部的墙壁上。

工资表也是一样的。每个人都可以收到电子化的工资表。经理人可以很快地检视他的团队成员的工资状况。

电脑及网络的结合，是直销业最有力量的一种新工具，对其他许多种行业来说也是如此。你可能已经开始利用新的电子及网络工具。如果是，恭喜你了，你已经是你的领域里的领导者了。如果不是，你还有机会加快脚步追上其他人的进度。

自我评估

- 过去三年来，电脑及网络的使用对提高营业额的效果如何?
- 你的业务员是否使用笔记本电脑作为他们的销售用具? 如果没有，让他们使用会带来怎样的影响?
- 你从网络上得来的业务线索占全部业务线索的比例是多少? 你要如何拓展这样的线索来源?

你可以额外阅读下列这些关于电脑及网络的书籍:

- *Business @ the Speed of Thought* by Bill Gates
- *The Internet for Dummies* by John R. Levine, Carol Baroudi, and Margaret Levine Young
- *PC for Dummies* 9th edition, by Dan Gookin

第八项关键行动

领导能力

业务管理领导能力可激励业务员愿意更卖力工作。在《成功销售管理的7大秘诀》（7 *Secrets to Successful Sales Management*，中国财政经济出版社2003年中文版）一书中，杰克·威尔纳说："领导能力是一门艺术，它可以使你所带领的人能够有最佳的表现。"没有人与生俱来就具备有激励他人的能力，而是必须通过不断努力地培养，并且精通许多技巧后方能获得。就如同托尼·罗宾斯（Tony Robbins）所说："成功是有一些脉络可循的，不论你的出身或背景如何，重点在于你能不能掌握这些成功的线索。"

以下关于领导能力的单元中，第一部分将分析经常遭遇的有关业务管理的12种恶魔。这些恶魔总是躲藏在阴暗的角落，打击我们想要追求卓越的努力。我们这么多年的辛勤努力，有时却会因一些令人遗憾的个人失误而付之一炬。针对每一种恶魔设想出对抗之道，可以让我们知道用什么样的方式来避开这些陷阱。

紧接着上面强调"不要这么做"的章节之后，我们将采取更正面的方式，来考察伟大的业务领导能力。这绝不是什么秘密，这些内容你一定曾经听过。然而，第28章将可向你提供另外一种机会，就如同斯蒂芬·柯维所主张的："磨快你的锯子"——通过有意识的认知，让你的领导能力持续发展。

在本书的最后一章，我们将会告诉大家塑造出具有魅力的性格诀窍是什么。魅力是可以通过培养而获得的。妥善运用这些技巧，每个人都可以学习到如何在适当的时间与地点表现出自己的魅力，让你的销售能力达到另一个成功的境界。

第 29 章将详细说明领导能力的基本属性，重点放在可以让你执行的实务上，让你可以借此证明你胜人一筹的领导能力——也就是在说明“它是什么”之后，紧接着探讨“如何能获得它”。虽然这些属性在先前的章节中已经提过，但本章所要做的并不是重述前面的内容，而是点出一些最重要的部分来提醒大家的注意。

第 27 章　避开 12 种职场恶魔

> 胜人者强，胜己者王。
>
> ——老子

“我们都遇过对手，而这个对手正是我们自己。”卡通人物波果（Pogo）在谈到美国 20 世纪 70 年代卷入越战这一事件的时候，他曾经这么说过。当我看到自己或其他人做了些蠢事去影响或破坏自己杰出的表现时，我经常想到这一句话。

这一本书中多数章节的目的在于向你提供工具，帮助你打造你的直销事业王国。这一章则是要告诉你如何预防自己采取破坏承诺、能力与名声的行动。

在本章当中你所遇的 12 种恶魔，都会对成功管理造成致命威胁。有别于其他章节中我总是先以一则寓言故事做开端，在这里，我要从好几个故事中来证明各种恶魔的存在。

让我们一起来看看这 12 个可怕恶魔的真面目，以后就知道该如何去预防、抵御与解决掉它们。

一号恶魔：不切实际的经理

没有哪个业务经理是坐在办公桌后面而得到升迁的。最成功的业务员及低层的现场经理，都喜欢亲自动手的方式。那些想要快速升到经理位置的人，不会花太多时间坐在办公室里，除非是坐在那里打电话找销售约会。

大卫是一个充满活力的业务员，尽管手下有些业务人员，但他总是自己亲自带头做业务。最后他雇用了麦特，这名年轻人虽然在销售界没有任何经验，但他很清楚自己应该要仿效大卫的风格。麦特相当努力地工作，他的团队人数也以跳跃方式迅速增长。大卫因此越来越满意于领工资混日子的生活。渐渐地，他开始迟到早退，个人销售也几乎停滞。而同时间，麦特的团队不断成长，大卫的个人直销团队则持续萎缩；麦特持续进行销售工作的习惯，使得其团队在短短一年当中就囊括大卫团队90%的销售业绩。大卫不再能够像以前表现得那么出色，在某一个周末，他悄悄收拾办公桌打包走人了。

对抗一号恶魔之道

在你升官之后，你必须持续进行让你得以升迁的销售工作，并且把这样的观念带给你手下的业务员。把焦点锁定在花时间做现场销售，观察业务员的销售，同时也让业务员观察你的销售过程。这些都远比任何你坐在办公桌后可以做的事情重要得多。

二号恶魔：为订单起“争执”

业务经理如果跟业务人员争辩“这是谁的订单”这类的问题，他肯定永远都不会成功。

巴尼在进驻购物中心的百科全书销售摊位的前一周，刚刚完成初级的基本销售训练。在开工的第一天，他简直不敢相信自己的好运气，因为有位潜在客户主动送上门来，询问他能否购买展示的书籍。短短30分钟，巴尼就完成了他人生的第一笔订单。当巴尼的业务经理雷夫检查这张订单时，他认出这名客户的名字，这正是他一个月前的线索名单之一，当时他就进行过一次家庭销售演示，只是当时并没有成交。

一开始，雷夫以自己的职位要求这张订单的所有权，虽然后来又改变主意，但仍旧要求巴尼必须让他分享一半的佣金。巴尼在几个星期后离职。尽管这件事情看似告一段落，但实则不然。从此，这件事就如同一张坏订单般紧跟着雷夫。因为对于那张订单所有权的坚持，雷夫失去了个人信誉及团队的信任。最后，他的多数团队成员都离他而去。就为了一张订单，雷夫付出了惨痛代价。

理想上，每一个业务组织都会有一套清晰的“界定”政策，以预防“谁的订单”这类的纠纷出现。但我们都知道，在现实上往往会有这一类的意外发生。当业务经理必须协调团队中或不同团队中两名业务员的纷争时，就已经够糟了，更不用说业务经理竟然和团队成员发生这种争执，无论谁输谁赢，必然导致灾难性的后果。关键并不在于争执的理由是否充分，而是业务经理绝对不能提到这件事。为什么？

首先，没有人喜欢被人欺负的感觉。我们之中的绝大多数人从儿童时期开始的生活经验，就厌恶任何依靠自己的权位为己谋利的人，特别当自己是牺牲者的时候。而一名声称自己在这场“订单是谁的”争论中应该居于优势的业务经理，就算是中途放弃还是极力争取到半数佣金，原因很简单，因为老板就是老大。

其次，这名业务经理奋力争取自己的权利时，已经违反了业务经理和业务人员之间的协定，前者在契约中说明：“我会好好照顾你。”后者则回之以：“我会尽我所能来销售。”企图赢得这场纷争的业务经理在这种情况下会被视为破坏“以业务人员为先”的这项承诺。信任一旦丧失，就如覆水难收，逝水不回。

再次，这种纷争不但浪费时间，还会影响整个团队的气氛。通常发生这种事，至少得花上几个星期来争辩，而且一般情况下，会扩散为整个团队的事情。业务经理认为订单是他的，另一方则对此声明提出攻击，其他成员不会袖手旁观，而是开始选择自己的立场，接着会展开辩论。原来的工作伙伴关系受到扭曲，原本应该花在销售与开发客户上的宝贵时间，全都浪费在斗争上。甚至业务员在进行线索开发活动时，也会因为团队中的争执问题而导致效率大打折扣。

即使在这个例子中，最后业务经理还是对业务人员作出了让步，但不良影响会持续存在，团队成员会时常提起这个话题，同时也一次又一次地对这个团队产生负面作用。资深的人员甚至会在新人一进来的时候就警告他们：你要小心自己的老板。

对抗二号恶魔之道

这只不过就是张订单，做个英雄吧。只要有争议，就把订单让给业务人员（无论他是你或其他人手下的人员）。

三号恶魔：吝啬

没有人喜欢铁公鸡。如果你的朋友或同事当中有这种人，通常会令人感到厌恶。而如果吝啬的人是业务经理的话，通常会导致悲惨的结果。因为这样的行为会传递出各种不同的信息，而其中没一个是好的。这样的业务经理不只是会被公认为小气鬼，还会被贴上不重视人员的标签。没有人会把他当成一个值得仿效的业务经理的典范。

几年前有一名家庭主妇被提升为业务经理，手下带领了30多名业务员。她一直保持着个人的高销售率，并在她的领导之下，团队出现每月每人最高平均订单的好成绩。不过，每次当我经过她的团队成员旁边的时候，总是听见他们抱怨业务会议上得自己花钱买饮料点心这件事。他们提及每一次会议都是由业务经理差遣秘书到楼下的便利商店买汽水、甜甜圈，然后在会议过程中，业务员吃了什么就得自行负担该项费用。诸如此类吝啬的事情，使得她的团队日趋分崩离析，渐渐地，业绩也不再那么优异。我曾经几次尝试去跟这名业务经理沟通，但都没有成功，过了没有多久，她就“退休”回家带小孩了。

这是一个相当极端的例子。这位女士因为一点小钱，却损失了她自己最大的利益。她看不到只要花一点钱投资在提供给团队成员的饮料、零食和其他各种小点心上，就能够在每一年、每一个月的佣金上获得更高的回馈。

另一种常见的吝啬情况就是在业务单位中跟大家收取复印费用。

一开始，经理对于复印费用并没有相关政策规定，因此变相地鼓励业务员滥用这项权力。很多人一印就是几百份宣传资料，反正不需要自己花一分钱。

为了减少浪费的情形，业务经理走向另一个极端，宣布每复印一张都需要收费的新政策——甚至连订单的复印也不例外。即使业务员明白自己应该要为复印付费，他们还是会对公司收取复印费感到气愤。

很多合理的销售花费可以向业务员收费，这要根据薪金制度的安排而定。一般而言，在采用完全佣金制度的直销企业当中，当训练课程需要借用外部场地的时候，都希望业务员自己支付成本。其他基本的花费开销还包括销售摊位轮班费用、线索费及业务支持费用。总之，业务经理必须在自掏腰包付小钱以建立情感和要求业务员为营销与培训付费两者之间进行斟酌，以找出一个平衡点来。

对抗三号恶魔之道

带着微笑掏腰包付小钱。

四号恶魔：寅吃卯粮

有更多的业务经理的问题不是吝啬，而是恰恰相反——花钱太多，而且经常出现不必要的开支。有一句错误的业务老格言："激励业务员最好的方式就是让他负债。"虽然业务员会为了偿还债务而在短时间内奋力工作，但这种错误的方式绝对不是一种好的管理方法。负债是负面的，银行里的存款才是正面的。

20 世纪 70 年代时，我在加勒比海的好几位直销商的业绩不错。7 年之后，我的销售记录已经让我有资格担任日本的国际直销公司副总裁。尽管我在 7 年中一直保持着这样的好业绩，但因为没有良好的开支计划，导致我在离开加勒比海的时候还是处于负债状态。当时我从巴哈马到特立尼达拥有 40 ~ 60 名业务代表，住在圣托马斯岛的我经常去拜访他们。我通常使用信用卡来支付机票与旅馆的费用，尽管我因此累积了大笔的循环利息，但我一直以为通过销售版图的扩张可以涵盖这一切花费。我自以为自己比银行聪明，因为它们也"只"收取 18% 的信用卡利息。结果证明我错了，这个错误使花了我好几年的时间来偿还这些债务。

当然，业务扩张是好的，但不幸的是，我在赶往下一个岛屿之前，并没有先把前一个岛屿的机会开发完全。如果我强迫自己只花现金，或许扩张会比较慢，但重要的是，我会有获利比较高的业务操作。

没错，有时候业务经理确实需要花一些钱投资于未来的收入增长，像是新业务单位的扩张，以及执行一个大型公司计划等。但无论如何，如果你等到投资回本之后再继续执行下一个新计划，就可以有一个较为稳固的扩张基础。

销售业中有一些挥金如土的败家女与败家子，急着买最新的车，或是最新款的名牌皮包。有些业务经理会声称，购买这些奢侈品可以实现激励下属的目标，因为为他们提供了一个可实现的梦想。如果你是拿现金去买这些奢侈品，而且同时还能存下钱来，那么，这种说法就很正确；但是，如果你是靠信用卡帮你买到奢华的生活方式，而且无法在当月偿还这些借款，那么，你就是在做错误的示范。负债的经理通常都会因为失败而离开我们的产业。

对抗四号恶魔之道

不要花不必要的开支。

五号恶魔：认为自己已“了若指掌”

成功能够带给我们一种我们“终于做到了”的感觉。当我们的销售业绩超出预期时，我们就会对于自己的表现感到沾沾自喜。

我在 1978 年 10 月抵达日本的第一个晚上，和总裁贺伯·史戴尔（Herb Scheidel）一起开会，这位总裁正是我20 世纪60 年代在佛罗里达卖书时的老板。我们两个当晚一起在涉谷用餐，边吃边聊过去共事的时光。当时我自吹自擂地说，我在日本的任务非常适合我，因为我对于直销产业经验丰富，而且再熟悉不过。当时我 35 岁，拥有 17 年的直销经验。我相信就算我知道的不是全部，但也相当接近了。

然而，事实是：我今天对于直销事业所知的90%，都是在我大言不惭地跟我的老板说我什么都懂之后才学到的。即使在退休后，在我阅读其他销售管理书籍，以及和不同产业的业务员聊过天之时，我都在不断学习当中。

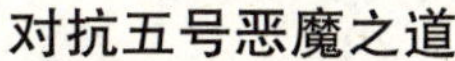

对抗五号恶魔之道

参加研习课程，多和同事交流，带着开放的态度多方阅读。不断尝试新鲜的事物。

六号恶魔：忽视你的健康

一个销售经理的工作内容相当繁杂，既劳心又劳力，工作时间非常长。如果业务经理想要成功地进行销售、激励与领导员工，就必须维持很好的体力。

我待在亚洲的一年时间中，有两位中年经理经常因为过度操劳而上医院。这两位女士工作 20 年以来几乎不曾休息过，她们一直觉得自己根本没有时间去运动。生活就是工作、工作、再工作。而我一直忽略了把正确观念传达给她们。

那些一个星期找不出 3 ~ 4 次时间去做每次半小时运动的人，最后都被迫因为感冒、胃痛、疲劳压力或其他问题找时间去看医生。她们会抱怨自己过度劳累、体力不足。相较之下，经常健身运动、不抽烟且体型保持很好的人，远比那些体重过重、抽烟而且从不运动的人更有机会实现自己的目标。这个原则屡试不爽。

对抗六号恶魔之道

花时间定期做运动，并且每个月安排 3 个周末作为休息时间。

七号恶魔：独揽功勋

一个喜欢说“我”的业务经理常常会出问题。在接受表扬的时候，使用“我们”或其他业务员的名字会比较好。

几年前，一位资深业务主管因为一项辅助性产品的创新，提出自己应该受到表扬的要求。这项附加产品可以协助消费者更容易地使用主要产品，当然也对销售有正面帮助。不幸的是，这位应该接受表扬的人并不是真正对这件事情有贡献的人，因为真正的发明者已经举家迁移到千里之外的地方，所以一名资深业务主管侥幸地以为自己可以获得表扬。

不过，他并没有考虑周全。这些话传回到产品发明人的耳朵里，他听说这名业务经理完全接收了他对于产品创新的贡献，而且只字未提他的名字。他知道后相当愤怒，无法原谅这名职位比他高的人就这么剥夺了原本属于他的荣誉。最后这件事情终于东窗事发，意料之中的是，其他类似的事情也一一浮出水面。很快，关于这名业务主管的负面新闻就传遍了全公司。一年后，这名主管就因为“个人原因”离职了。

这个故事很具讽刺意味。这名业务经理竭尽所能在所有可以赢得高层赞赏的事情上抢占功劳。“看看我为公司做了什么！”这句话一直在他的心中回响。然而事实上，这类表扬所带来的回应并不是他所想象的那样。高层经理经常会以怀疑的态度看待这种类型的经理，因为，让他们印象深刻的并不是表扬的本身。相反，对高层来说，这种贪功的表现是一种缺点。他们知道一个将团队成功据为己有的人，会让其他有所贡献的业务员士气低落。

当老板窃取了自己的想法或点子时，团队成员会知道如何去报复他。比如说，他们可能会在受训时表现不合作，或是从此不再提供任何建议。一个只想着如何窃取他人努力成果的人，最终将会发现这么做根本无法建立有效的团队。

对抗七号恶魔之道

创造英雄。想办法把赞扬荣耀给他人，你的销售业绩是你唯一需要的赞扬。

八号恶魔：酒后乱性

当然，这个主题也可以放在“忽略你的健康”这个部分，但我选择把它分开，因为这一问题的破坏力很大，需要单独处理。我们都多少认识一些酗酒的人。到某个时候，酗酒问题可能就不只是个坏习惯，而会进一步

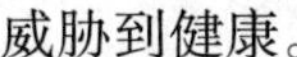

威胁到健康。

如果你是个有酗酒问题的人，请你务必寻求协助。如果你手下有业务员面临这样的问题，尝试鼓励这个人去寻求药物协助。在这个人把病治好之前，不要浪费时间帮这个人组织销售团队。酗酒的人是不可信任的。把你的业务管理时间花在其他人身上——就算是一个能力比较差的人也好。

对抗八号恶魔之道

如果你个人有酗酒问题，请赶快寻求协助。加入戒酒无名会（Alcoholics Anonymous，AA）或其他可以帮助你的类似组织。如果你的团队成员中有人有这样的问题，你作为一个有同情心且务实的人，在对方认清这是一个问题并且愿意寻求协助之前，都不要浪费时间去管理他的业务。你没有办法治疗这个人，除非这个人面对问题并且开始接受治疗。

九号恶魔：和同事谈恋爱

每一个人都喜欢八卦，这一点从八卦杂志与电视节目的受欢迎程度即可证明，尤其在工作场所中更为明显。办公室恋情一定会分散大家的注意力。比方说，业务经理正在上一堂关于克服销售障碍的课时，其他听众的目光焦点锁定的是这两个传说中的恋人，急于想要捕捉到他们两人间的蛛丝马迹。

几年前，我们有一位相当优秀的区域业务经理和他的顶尖业务员谈恋爱。这两位当时都已婚，这份恋情不只是毁了他们两人各自的婚姻，同时，也引发了其他业务员的愤恨不平。最后，这两个人都不得不请辞离去。尽管他们后来结婚了，但生活得并不快乐。这段新的婚姻同样是以离婚收场，而这位资深的业务经理再也无法管理一个大型的销售组织。

当两个在同一办公室的单身贵族陷入热恋当中时，通常可以有个美好的结局，但我还没听说过已婚的业务经理跟组织里某位人员发生恋情时，能有什么好下场的。已婚者的婚外情会被视为对一种信任关系的背叛，而旁观者一般都会把这种对于婚姻的背叛，转移到他们和这名老板之间的信任关系上。他们会怀疑：“如果这个人可以欺骗他的另一半，我怎么还能够信任他呢?”“如果这个人是利用职务之便和业务员约会，当他想要接近我的时候我该怎么办呢?”

对抗九号恶魔之道

如果你已婚，不管你的家庭有没有问题，永远不要和办公室里的任何人产生公事以外的关系。同时，永远不要和已婚的同事约会，无论他的婚姻有没有问题。

十号恶魔：缺乏自制力

强烈的情感表现是成功业务经理的特征之一。这个外表上的特征可以激励其他人迈向成功，也会进一步强化他们的信念。

以下这则故事是我的亲身悲惨遭遇，希望你听过之后一定要铭记在心。故事发生在 1983 年，当时的销售业绩相当低迷。我的老板曾告诉过我：他是个有耐性的人。但有一天，我却听到他对我说：“你最好想尽办法让这个月的业绩有起色!”尽管这算不上是什么威胁，但语气相当严厉。这让我觉得相当恼火——无法克制的愤怒。在我遭受这种不平待遇的两天后（当然，这个污辱在我心中随着我回忆的次数不断扩大），我决定提出辞职。为了确定每一个人都知道这件事情，我将我的辞职信复印件发给很多人，这么一来我的老板被迫处于一种无法要我把辞职信收回的窘境。那一刻，我以胜利者的姿态骄傲地步出那家公司。

后来，接替我的位置的人在那之后的 5 年赚了 5000 万美元。

向愤怒屈服的结果让我失去了自制力。当一个人对于另一个人心怀愤恨，或是对于某一个道德问题坚持采取一个正直立场时，两个问题发生了。第一个问题是无法抑制的愤怒，这个结果最终是自我挫败，因为负面情绪会吞噬一个人的理智，让他无法好好地解决这个问题。第二个问题则是失去自制力。即使被伤害一方的看法可能是对的，但他发脾气的结果只会让原来制造问题的人得以毫发无伤地脱身，因为很多人都会看到他喊叫、诅咒等愤怒的表现，而这些都比原来不满的事情本身糟上好几倍。

对抗十号恶魔之道

原谅其他人，不是因为他们应该被原谅，而是因为这可以带给你心理上的放松与满足。

十一号恶魔：说老板的坏话

“都是我老板的错”“我老板不支持我”如果我每听到这个借口一次可以赚一块钱，那我早在十年前就可以退休了！

卡尔是一名很棒的招聘人员高手，他写过的个人订单不计其数。但作为一名分区业务经理，他有一些缺点。有时候，他会和他手下低层业务经理的业务员起争执。此外，小气的他也应该要花更多钱来协助他手下的经理。他手下有一位名叫珍的经理，对于这些小问题反应过度，开始说他的坏话，散播有关他私生活的谣言，当中有些是真的，但有些纯属虚构。卡尔最后因而离职，珍终于如愿以偿取代了他的位置。但最后的胜利者还是卡尔，因为他在一个月后，成功地把珍手下一半以上的业务员挖到他的公司里。

几年前在关岛的时候，大英百科的业务经理对于“坏老板”的抱怨，只是简单地回应说：“没有人喜欢他们的老板。”这句话就算并非百分之百正确，但至少部分真实。我们每个人心里都会有愤怒，我们都会想要不顾一切做我们想做的事情，无论我们的老板同意或不同意。

业务经理的责任是培育新经理，然后协助他成立一个销售团队。有些新上任的经理会从他们的老板那里获得比其他地方更多的帮助，不过，一个团队的成功或失败，责任还是在小组经理身上。但我们经常发现，所有的业务经理在遇到问题的时候，多半会把过错归咎于他的老板，然后无辜地声称：“一切都不是我的错。”

业务管理的成功之道是由书写个人订单、招聘优秀的团队成员、激励自己和别人，以及管理地方性业务线索等的行动所铺设而成。无论我在什么时候听到“这是我老板的错”这句话，我都会很好奇，如果他不把时间花在抱怨老板（这只会不断强化一个失败者的态度），而是去做业务经理该做的事情，情况会有什么不同。我怀疑这样的人会有什么样的进步。

对抗十一号恶魔之道

为自己的成功或失败承担全部的责任。

十二号恶魔：背地里的贬低评论

任何你对别人的负面评论，都有可能会传到这个被贬低的人耳朵里，而且在这一过程中会被传播的人曲解或夸张。没有任何评论是秘密。如果你说了某人某件事情，你就应该假设这个人会听到你说的话。

几年前，我开辟了一个新战区，并且调派多位业务经理前往这个新兴市场。两位资深与一位年轻的业务经理都在这里获得了超乎他们预料的成功。这名年轻的经理比较难相处，并且经常作出与其他两位资深经理的期望背道而驰的决定。然而，他是个诚实的人，有着杰出的业绩表现，态度也相当积极。基斯是其中一名资深业务经理，他私底下跟另一位经理说："我就是无法信任爱丽丝。"过了没多久，爱丽丝就听到了他的这番评论，火冒三丈，觉得自己再也无法信他的老板。后来许多事情都受到这句评论的影响。最后爱丽丝决定跳槽，并且带了一大队人马为另一家竞争厂商效力，留下基斯和不到原来一半的业务员一起奋斗。

我常常在想，如果当初基斯不曾私下跟爱丽丝的同事说过抱怨的话，形势是否将大不相同？业务管理的成功之道中，有一部分仰赖于你能够在不好相处的人身上找优点，而不要大肆传播他的不对之处。

我们都听过这句童谣："树枝和石头可能会砸伤我的脚，但闲言闲语却永远伤不了我。"这句话的假设是坏话永远伤不了人。然而不幸的是，话语确实可以伤人。当人们知道有人说他坏话时，都会不断地感到心烦与愤怒。这种感觉通常发生在业务经理和他的业务人员、其他业务员或老板之间发生沟通问题的时候，我们这些靠说话吃饭的业务经理，应该比其他人更清楚话语的威力才对。

对抗十二号恶魔之道

不要说任何你不会直接在某一个人面前说出来的话。

要走上成功的道路，你就要尽可能避开恼人的叉路。在这一章当中，每个恶魔的背后事实上都有一位能把很多事情都做好且潜力十足的好经理。这些经理当中很多都是有魅力的人。他们大部分工作都很认真，也都具备优秀领导人的特质。但是，他们一旦面对人性的弱点时，可能就会退缩。当然，有些人可以振作起来而获得第二次良机，但也有很多人加入了“哀伤俱乐部”。

成功属于不逃避错误的人。我的老朋友，也是我的前老板贺伯·史戴尔曾经说过，他早期职场生涯的成功，多半是因为他就是待在那儿不动的结果：他既不暴躁也不投机，一路走来始终如一。他有着超乎年龄的成熟，使他能够避开所有会干扰事业发展的恶魔。他每天一早就来上班，上班后就全心投入。他真诚地进行招聘活动，细心规划自己的财务，并和行政部门维持良好的关系。当需求出现的时候，年轻的贺伯就在那里。或许经验还不够，但他始终在那里。他获得了升官的机会，但态度始终不变。23 岁的他，就担任了横跨三州的区域经理。

在每一天结束的时候，成功总是跟随着那些可以做自己主人的人，也就是可以掌握自己的生活、花费、待人接物及说话的人。我的经验告诉我，一个最成功的人，就是能够走过痛苦的成长阶段，并掌握自我训练艺术的人。如同其他的销售管理技巧一般，成功的自我控制属于那些愿意努力进行改进的人。

自我评估

- 有哪一个或两个恶魔阻挡你的成功道路？
- 你要如何对付你的恶魔，以确保自己致力于建立销售王国的努力不会被自己的缺点所毁灭？

推荐阅读:

- *My Life* by Bill Clinton
- *Integrity Selling for the 21st Century* by Ron Willingham
- *What's Holding You Back*? by Sam Horn
- *Conquer Fear*! by Lisa Jimenez
- *Alcoholics Anonymous* by Alcoholics Anonymous
- *The Decline and Fall of the Roman Empire* by Edward Gibbons

第28章　扩大领导能力特质

> 自我意象设定了个人成就发展的范围。
>
> ——麦斯威尔·马兹（Maxwell Maltz），
>
> 著有《Psycho-Cybernetics》一书

好的业务管理习性并不是自然发生的，要靠后天养成。这意味着最好的业务经理并不是天生就具备优秀的能力，而是必须要靠后天的努力来加以培养。如果你在企业中被公认是一个成功的业务员，如果你能展现出恰当的人格特质，并具备正确的工作伦理，并且如果你能克服失败和一再被拒绝的恐惧，那么你就拥有了一个业务经理应该具备的特质。当我讲我如何选择一些平凡但愿意努力工作的业务员组成小组，最终却发展成拥有1000名业务代表的庞大组织的故事时，就再一次确认了这个令人愉快的事实。

在我的职业生涯中，有一次为了开发一个新市场，面试了30多个人，想从中挑选出一些开拓市场的业务经理。一开始我选出了4个人，随后又增加两位。这些被我挑选出来的人都在30岁以下，雄心勃勃，但是却都几乎没有什么业务管理的经验。我很骄傲地告诉各位，我们成立的这个小组后来创造出年营业额高达数百万美元的业绩。

在那段开疆辟土的时期，我们都变了。当组织从6个业务员成长到超过1000人时，改变其实是一种常态。我们不断地修改业务竞赛的规则及开发客户的方式。我们喜欢尝试一些新鲜事物，虽然大半都不会成功，但我们会不断地再去尝试。只要发现所作的改变是有效的，我们便会将这些政策、开发客户的技巧、刊登广告的方式或业务竞赛的规则等，变成一种长期的规划。

改变有个好处，那就是如果失败了，你可以很快地把它抛弃。如果它成功了，你却可以不断地继续使用下去。一个巨大的成功可以抵消十个小失败所带来的挫折。

领导及管理

管理者的人数要远多于领导者。领导能力与选择、推动和改变有关，管理则与组织和流程有关。就如同我们在第七项关键行动一开头所引用管理大师彼得·德鲁克的话：“领导是做对的事情，而管理则是把事情做对。”

以下我们通过考察一个业务经理的工作所具备的不同功能，来看领导与管理的不同之处。

领　导	管　理
决定与执行 90 天的日程	在日程上的适当日期填入计划的活动
养成主动解决业务员间争执的习惯	解决冲突的实际流程
建立依据能力的高低分配业务线索的政策	确认你的业务员能及时地接收到这些线索
激励业务员发展出自己的线索	提供必要的工具来帮助你的业务员发展线索
意识清楚地决定将你大部分的管理时间花在老手和新人身上	配合你所作的决策来安排你的时间

你可以同时是一个好的经理及糟糕的领导者。如果你教导业务新手该如何使用公司的业务线索，因为你是在教授技巧，所以显示你是一个好的管理者；但这可能也表示你的领导能力很差，因为对新人来说，学习如何去生产他们自己的线索，要比利用公司的线索更重要。如果你交给公司的报告总是完美无缺，那是好的管理者；但如果你明明可以将这种工作指派

给秘书，而你却自己动手做，以至损失个人销售或招聘新人时间的话，那就是糟糕的领导风格。如果你的业务会议安排得很好，那是好的管理者；但如果是全部由你自己来负责安排会议的话，那也是很差的领导风格。

业务经理成功或失败的三个理由

迈向卓越的旅程是一条崎岖不平的道路。我们都想要做得更好，但有时为了要成功，我们必须要去做一些我们并不愿意做的事情。伟大的业务经理会习惯于做一些不喜欢做的事情。

每一个管理者在面对自己的责任时有三种选择，其中只有一种会导致成功。

1. 你知道该做什么，而且你去做了。
2. 你不知道该做什么，因而你没有办法去做。
3. 你知道该做什么，而你却没有去做。

你自己是哪一种呢？作为一个业务经理，你选择哪一种？

很少人单纯归属某一个类别。当然，我们总是尽力做到第一种情况。有时我们会发现自己处于第二种情况之中——不知道该做些什么。但这是很容易改善的，通过学习就可以做到。比较棘手的是第三种情况。我们大部分人最终学会该做什么之后，却常常选择不去做它。史蒂芬·柯维在他的《高效能人士的七个习惯》中提到，要将上述第一项选择养成习惯虽然不易，但是绝对值得你去努力。有效率的领导者知道他们必须要做什么，并且养成确实去做的习惯。

现代业务经理的重要特征

好的业务经理必须具备的特质可能超过 10 个，我准备将它们列举出来，让大家比较容易记住。因此我必须把某些虽然不是完全相同但性质较为近似的特质结合在一起。

不过，在你看以下各项特质之前，不妨先试着自己列出 10 个你认为业务经理最应该具备的特质，然后再对照我的意见。毫无疑问，大家彼此的看法可能不尽相同，而其中必然存在很多讨论的空间。

对每一个业务经理而言，最关键与最重要的就是要认识到：业务经理的内在特性与价值比技巧更重要。你可以试着问自己：“我是谁?”“我要成为怎样的人?”所有关于业务线索产生、招聘、激励、授权与管理等技巧，都必须建筑在良好的性格与个人特质的基础上。

在某种程度上，大部分的销售经理都已经拥有一个伟大的销售经理所应具备的许多特质。这些销售经理的特质将会决定你投入的程度及你激励业务员把事情做好的力量大小。

现在，就让我们来看看以下这些特质。

1. 变革的领导力

销售管理就是应对不断地变化。试想一下，业务员和业务经理为了变得更好需要做很多工作。一个业务员最重要的角色，就是去改变顾客对产品的兴趣，让顾客决定购买产品。

业务经理例行招聘和训练新人的工作，也需要应用变革的概念。在招聘新人时，你改变了应聘者对直销业务员固有的印象。新人训练时，则经常要去改变这些业务新兵对于销售过程实际运作的想法。

有活力的变革领导者就是改革者。他们总是要从事很多活动。新产品的概念、开发客户的新方法以及新的训练概念不断地萌芽。变革将使未来变得更好、更有趣。变革者会在营业单位里不断地创造惊奇。这些领导者可能是右脑发达且充满想象力的人、大量阅读专业杂志吸收新知识的人，或是团队中总是带头呼口号的人。只要变革者永不满意现状，变革从何而来其实无关紧要。

在《从优秀到卓越》（*Good to Great*）这本书中，柯林斯（Jim Collins）不断强调，“优秀”经常会成为“卓越”的阻碍。创新的变革领导者不是把自己拿来和竞争对手或是其他营业单位进行比较，而是和他们自己设定的最大可能的高标准来比较。他们设定的比较基准点是自己曾有过的最佳纪录。

变革——就算是成功的变革——通常会让许多人不愉快。记得有一次召开关于顾客服务政策的讨论会议时，我提出了一些建议改变的项目，改变幅度很大。就在会议即将结束时，荣恩很纳闷地大声质疑这次修订的政策是否是最终版本，他问道："什么时候会停止改变?"当他听到我回答"永不停止"后，我想他整天的好心情都被我给破坏了。

在危机出现时进行变革是比较容易的，因为企业受到威胁的现实会让大家都愿意去尝试新东西。20 世纪 90 年代末，我们在日本的儿童教育产品部门的情形便是如此，不论是销售或人力资源都大幅滑落。整个 8 月只卖出不到 900 份的产品，比前一年每月平均的一半还要少。在我 1999 年的 9 月初到任成为新总裁后，我们进行了很多的改变，意图重塑造过去的教育产品事业。感谢业务经理们的构想与领导，我们的事业终于有了翻身的机会。

然而，在事业成功的时期，变革也同样重要，因为它能杜绝将来危机的发生。20 世纪 80 年代创造了直销业本地营销策略的波丽·索尔（Polly Sauer），在公司销售业绩极盛时期加入我们的行列，担任营销顾问一职。当时公司的业务经理多次开展了地方性线索生产计划，都有不错的成效。然而，波丽引进了许多具前瞻性的改变，使得整个系统变得更加专业。她让公司变得更好、更成功，销售业绩也跃升到更高的水平。

有句老谚语说道："如果还没有坏，就不要修理它。"这并不适用于现代的商业世界中。

2. 性格变得比以往更重要

性格就是指你是什么样的人。你的性格就是你带给公司的东西。性格是一套你所相信且将之作为处事依循准则的价值体系，而不只是当你想到可以从中获益时，你才决定这么做。

在销售行业中存在道德上的两难处境。我们讲的是实话，还是为了做成生意而刻意编造的说辞？当一位潜在客户告诉我们说，他正在等待我们公司另一个业务员来和他接洽后续相关事宜时，我们会不会就此罢休呢?我们在分配业务线索时，是依据公司公开说明的政策来处理，还是会对自己的朋友特别通融呢?

当我还是个利用暑假期间推销百科全书的 20 岁大学生时，曾和另一个现场经理比尔共事过。比尔有着充满活力的性格，在加入公司6个月后便荣升上经理；再过6个月后，他又成为营业单位的业务经理。我欣赏他总是充满着活力的性格，但对于他在品德上喜欢欺骗的特质很不以为然。有一次他曾向我吹嘘，他叫他的业务员用他的名字写了两张订单，好让他能合乎领取每个月经理奖金的标准。又有一次，他告诉我说他如何把年轻的潜在客户的年龄更改成21岁，以便让订单和积分能够被接受。

我没有办法认同他做事的态度，但却也让我感到怀疑：会不会是我自己太年轻、太天真，不了解“现实世界”是什么样子？后来的发展证明其实绝非是我的想法太天真。一年后，比尔因为在订单上作弊而被开除了，从此便一蹶不振。在他因丧失肝功能而去世之前，39岁的生命中几乎花了20年的岁月待在百科全书这个行业。令人遗憾的是，比尔死后一文不名。因为他可以拿到一些订单，所以许多公司会再给比尔“一次机会”。但比尔和这些公司一直忽视取得订单过程中的道德瑕疵，这样的做法是令人不齿的。

当然我们不一定要看这么极端的例子。大家可以想象这样的状况：可能是为了一个不公平的决定，某人感到很沮丧；为了规避公司的规定，某人企图通过撒谎来掩饰；对方没有信守承诺，因而感到很失望。当你看到以上这些情况，或是当自己本身成为受害者时，你的感受将会是如何？你可能会发誓自己绝不会因刻意欺骗或动些手脚而让别人感到失望。

有时这是很困难的。你做了承诺，可是当你准备遵守你的承诺时，却发现履行诺言要比原来想象的困难得多。可能要比原先预期花费更多的钱。钱省下来了，但是承诺却违背了——你将会失去大家对你的尊敬，随之而来的就是减少未来的收入。

当销售竞赛快要结束时，你可能很想自己或找其他业务员帮忙写些订单来帮助某人赢得胜利。当然，这个靠你不公平的协助而赢得胜利的人，在当时可能会很感激你。但是，将来这个人会相信你是一个公正的人吗？他会不会担心哪一天他成为受害者呢？

3. 热忱、正面态度与干劲

汤姆·莱利（Tom Reilly）在《增值销售管理》（*Value - Added Sales*

Management）一书中说，“干劲”就是“可以刺激、激励与激发行为的个人内在能量”。

和缓的热情就不是热情。前通用电气公司总裁兼主席杰克·韦尔奇在他的自传中提到，当他进行通用电气内部管理才能的评价时，他总是在寻找“热情”。热情本身的性质就是很明确、显而易见的。当别人拥有它时，你很容易会发现；当你自己拥有它时，别人也很容易看见。

当销售业绩好的时候，保持良好的态度很容易；管理的考验其实是来自于当销售业绩每况愈下或某些计划出错的时候。我称此为“不公平的考验”。

当危机发生时，整个销售团队都期盼着业务经理的领导力。在“9·11”恐怖攻击事件发生初期，纽约市民怀抱着恐惧不安的心情，期盼着市长朱利安尼（Rudy Giuliani）的领导。他坚定回应，并传达出任何事情都不能击败纽约的态度。他花了超过 24 小时以上的时间，前去视察被攻击的地点，鼓励救难人员，安慰丧失亲人的家属，并向纽约市民一再保证他们的伟大城市一定会复原。

朱利安尼这种坚定的态度是有感染性的，他可以成为一个很伟大的业务经理。业绩很差的一周、在购物中心预定的销售摊位突然被取消、因为电脑故障造成业务线索混乱、在报纸刊登招聘广告发生问题等，没有什么情况可以让朱利安尼感到沮丧或挫折。他的回应是：“事情就是发生了，那又怎样?”接下来他采取的方法就是：“让我们动手来修理它吧。”这就是一个领导者的风范。

4. 热爱销售

本书的第一章焦点放在杰出销售领导力最重要的特质之一。我对销售演示的热爱从未消退。我这辈子已经做过 1 万场以上的销售演示，但没有任何两场的内容是完全一样的。解读潜在客户肢体语言时的兴奋、建立潜在客户对于我所销售商品的拥有欲望，以及成交订单的挑战，从来都不会让我感到枯燥乏味。当我的团队成员看得到我对销售的热爱——这一点可以从我将很多时间花在销售现场上得到证明——激励他们就变得很容易。

5. 野心

伟大的业务经理一定要具备这项特质，而且绝不嫌多。不论当前的销售量或业务人员规模如何，他们都必须迫切追求更好的表现——销售更多，而且是马上成交。

不要因为想要更多而感到愧疚。在今天讲求政治正确的世界，有野心会成为一种可疑的事。当出现沉溺于物质享受的玛莎·斯图尔特（Martha Stewart）或窜改账目的安然（Enron）主管等经济罪犯时，大家就会说这是“野心太强”使然，仿佛这是一种造成他们偏差行为的负面特质。我必须要说，野心本身是道德中立的。泰瑞莎修女的野心就跟玛莎一样强。差别在于她们的野心展现在不同的地方。

个人的野心也是让这个自由市场世界如此蓬勃的重要原因。想要把事情做得更好、想要拥有更多、想要更有安全感、想要被爱等欲望——这些都是让人类比以往更长寿、更快乐的重要原因。这也是为什么你的野心将会决定你的事业成功与否。你的野心越大，你就能实现越多预设中的成功目标。

6. 坚持

卡尔文·柯立芝（Calvin Coolidge）在1923年担任美国总统之前，是一家寿险公司的总裁，他曾经说过：“世界上没有一样东西可以取代坚持的地位。天分不能，因为天资聪颖而一事无成的人比比皆是；才华不能，因为空有才华而未受赏识的人时有所闻；教育不能，因为这个世界上到处都是受过高等教育的小混混。只有坚持与决心是无可取代的。”

坚持是决定你能否成功通过“不公平考验”的关键。当形势发展不好的时候会如何？

坚持是如此值得尊重的伟大特质，因此才会有这么两句格言：“形势更艰困时，唯有坚强的人才能坚持下去”以及“尽管一开始遭遇挫败也要再接再厉”。

第一句话清楚地指出了问题是毅力的考验。每一个人都会有遭遇不幸、逆境与不公平的时候，这句话告诉我们，在面对厄运的时候，很多人都会低头，只有坚定的人才能够继续向前迈进。

第二句话则是告诉你如何坚持。说来很简单，不是吗？只要一再尝试。这个机械化的过程看似简单，但重大的心理压力却可能叫人沮丧。如果你第一次尝试却失败了，接下来的第二次、第三次也可能失败，不是吗？有可能，甚至是比较可能。尽管如此，伟大的业务经理还是会继续尝试，最后终会有尝试成功的一天。

7. 清晰的方向感

最佳业务经理将整个业务团队视为一体，意图追求一个共同的成功目标。一个清晰的事业目标可以将所有的行动都导向特定目标。有一门相当受欢迎的企业课程名为“目标导向管理”（Management by Objectives)，就是以这个方向来传授管理技巧。如果你跳过了这一门课，就会如同前杨基棒球队明星球员贝拉（Yogi Berra）说过的：“如果你不知道自己要走到哪里，最后你可能到一个不知名的地方。”

清晰的方向感是通往“果断与不屈不饶”这两个领导人特质的入口。如果你知道要将团队带向何方，决策过程就会容易许多，不会有任何犹疑阻扰你，就算面临一个十字路口，也有自信作出正确选择之后勇往直前。

作为一个成功且不断成长的业务经理，你必须果断决定出让自己及其他人锁定的同一目标，就像一个妈妈的决定未必受到所有孩子的欢迎一般，但你仍然必须作出选择并接受结果。一旦你建立了清楚的业务目标，就能够成为自己坚实的后盾，并坚定你的决心。必要时能够作出艰难决定的人，才是成为成功业务经理的最佳人选。

8. 为失败负起全责，将成功的荣耀与他人分享

受到尊崇的领导人可以为整个团队负责任。成功的经理人不会把失败归咎于他人。

一旦你接受了自己是唯一能为结果负责的人选，你就可以把焦点锁定解决问题而不是追究责任上。你的团队成功基于你应对的情境上，而不是你认为自己应该面对的局面。有些心理学家主张，当你不再因为自己的缺点去责备父母时，就是你成熟的时候。在业务管理上，成熟则展现在你不

再因为自己团队的失利而去责备老板、公司、业务员或经济环境。

9. **同理心**

大家都知道应该“设身处地为他人着想”，同理心一直是生活当中的重要原则。你必须发自内心去想象周围人的感觉与想法，真心地理解业务伙伴的喜怒哀乐。

主动倾听是同理心的保证。史蒂芬·山普（Steven Sample）在《领导人的逆思考》（*The Contrarian's Guide to Leadership*）一书中指出：“大多数人都是糟糕的听众，因为他们觉得说比听更重要，但非凡的领导人就深知先听再说之道。”

丹尼尔·高曼（Daniel Goleman）在《打造新领导人》（*Primal Leadership*）一书中将同理心定义为“感知他人的情感，理解他人的观点，以及站在他人立场上设想其利益”。

亚历山大征服了大多数文明世界，他的征讨范围从希腊延伸到西印度，最后在印度河边停下征服的脚步，并决定从南方海岸的小径回到波斯与希腊。乍看之下，这仿佛是一个悲剧性的决定，因为这片土地一片荒凉，连一滴水都找不着。

有一天，他忠诚的士兵发现一个钢盔中有一些水。士兵连忙把水盛上递给亚历山大，但他并没有喝，相反，他将头盔翻转过来，让里面的水倾倒而出、消失在干燥的沙漠上。因为他的士兵没有水喝，所以他也不喝。

10. **沟通**

成功要靠与别人的通力合作，因此让信息在团队内顺畅流通是一件非常重要的事情。我们的沟通能力表现会成为别人判断我们个人的重要指标。罗纳德·里根被称为“伟大的沟通大师”，因为他总是带着十足的诚意，明确地说出正确的话来。

沟通大师在传达共同愿景与计划的过程中，懂得使用各种自己拥有的语汇与书面文字。不论业务经理的魅力或口才如何差，一张团队业绩快报、一份业务会议的议程、与重要业务员频繁的电话与电子邮件、每一季的会议规划和老手及新成员的一对一课程，都是任何一位业务经理所能加以利用的沟通工具。

威廉·米勒（William “Skip” Miller）在他的《*Proavtive Sales Management*》一书当中提到“业务经理的第一要务就是创造一种文化”，他说：“当整个组织都聚焦于特定目标，同时这个组织目标是通过完全沟通而建立时，杠杆作用就会随之发生。”

伟大的沟通大师应开发必要的社交技巧，来推销自己的愿景。他们的沟通工作是持续不懈而专心一意的。

业务经理知道（或应该知道）自己要往哪里去，并且不断进行宣传信息，以确保每一个人都和自己身处于同一艘船上，朝同一方向前进。通过沟通，业务经理可以把自己个人的梦想转化为明天会更好的团队愿景。

愿　景

一旦集结所有的特征，你就会变得伟大，因为这些特征的建立可以产生所谓的愿景。只要你可以联结上一个清楚的目标，而你的目标又令人感到兴奋，所有业务员就能够同时理解他们的目标及自己的角色。

当我在 1994 年秋天告诉我的 20 位顶尖业务经理，我的目标是帮助房间里至少 10 位经理成为百万富翁之后就退休时，我已经投射出一个人人都能够理解的愿景，而且大家也都在这个愿景中看到自己的位置。

事实上，愿景一直以不同的面貌贯穿于本书中：领导能力、动机、目标设定等。10 个特征的组合可以激发其他人在你没有提出要求的情况下就主动去做他们该做的事情，而且还是竭尽所能地去做。你越了解愿景是什么，你的销售业绩就会越高，培养新业务经理就会变得容易，你会成为一个更好、更有说服力的激励专家，同时，你的业务员流失率也会下降。

愿景的形成有赖于你建立个人领导魅力，下一个章节中我会教大家一些技巧。愿景本身是一个有意识的过程，当自己成为愿景的必要成员时，你的员工就会相信你知道要往何处去，而且你有能力带着他一起前往。

跟团队一起检视这 10 大重要领导人特质，当成你重要干部培训计划的一部分。

自我评估

- 你最显著的三个领导人特质是什么？
- 能作出最大改进的地方是什么？
- 你的运动、政治及事业偶像是谁？为什么？
- 想想你所尊敬的老师、亲戚与朋友，是什么特质让你尊敬他们？

建议阅读下列书籍来强化你的领导能力：

- *Leadership Is an Art* by Max De Pree
- *Good to Great* by Jim Collins
- *Built to Last* by Jim Collins and Jerry Porras
- *Who Moved My Cheese*? by Spencer Johnson，M. D.
- *Theodore Rex*（Biography of Theodore Roosevelt）by Edmund Morris
- *Henry V* by William Shakespeare
- *Any* biography of Abraham Lincoln

第 29 章　建立有魅力的领导特质

> 我已经知道了，如果你热爱你的生命，你的生命就会以爱回馈于你。
>
> ——鲁宾斯坦（Arthur Rubinstein），指挥与作曲家

“魅力是什么？要如何拥有它，以及如何保持它？”这都是最后一章要探讨的焦点。

每一个当老板的人都会表现出一种形象。对业务经理来说，建立正确的形象也是工作内容之一。你所有的业务员不可避免地会对你形成一个集体的看法，但在这个过程中，你可以不仅仅当个消极的旁观者。事实上，最佳领导人都会意识到这个现象，并且致力于塑造团队对于他的看法。他们通过以下方式来实现这个目标：保持一贯正直的作风，对于自己与业务员同样要求高标准，明确地表现出他们不会在特定问题上有所妥协等。他们同时也努力工作，去建立“高效能业务经理”的习惯。以下是从我接受颁奖的演讲中节录出来的故事，目的是告诉大家如何和你的业务员分享你内心真诚的感觉，以建立自己的领导人风格。

> 当时我在台北工作已经有 10 年的时间，我从空无一人的办公室开始打拼起，没有业务员，或许心里有一些怀疑，但绝对是充满了希望。那天的农历年宴会上，办公室里挤满了 1000 名销售与行政人员。我的太太智子和我一同向 100 桌同事一一敬酒，香槟酒杯碰撞的声音不绝于耳。
>
> 我们拥抱了很多人，向每一个人诚挚道谢（有时候还眼泪汪汪），

感谢他们协助我们实现梦想。这些人当中有很多人非常高兴自己成为百万富翁，而这一点是我8年前在马尼拉向他们承诺过的。而我也同样感到兴奋，因为这样的情景确实超出了我原来最乐观的预期。就在我准备发表晚宴结束致辞时，我的老朋友贺伯——正是10年前说服我来到中国台湾的人——出现在我面前，并带来一块劳力士表，以纪念我为公司服务10年。过去的记忆瞬间奔流而出，整整一分钟的时间，我一句话也说不出来。

最后，大家的眼圈都红了，我把贺伯送来的表戴在手腕上，然后举杯敬所有与会人士："这只表将永远停留在台湾地区时间上，直到我生命的最后一天，因为它可以时时提醒着我，是你们大家给了我这个机会。"这一刻感人且充满魅力，当时的情感是如此发自内心而真诚。今天我依然戴着这块手表——而且，它总是以中国台湾地区时间运转着。

当有人对我说"你是个有魅力的人"时，总是让我相当惊喜。当汤姆·克鲁斯（Tom Cruise）或迈克尔·乔丹（Michael Jordan）走进屋里时，他们拥有一种吸引众人目光的磁力——这就是他的魅力。美国前总统里根（Ronald Reagan）站在面对柏林墙的台上说："是戈尔巴乔夫（Gorbachev）先生拆了这一道墙。"或是马丁·路德·金（Martin Luther King）在进行《我有一个梦想》的演说时，也充满了魅力。当我走进一个挤满陌生人的房间时，没有人会注意到我。但是，当我以个人特质来领导组织里的人员时，许多事情会开始发生：销售业绩会增长；对于未来的期望会改变；大家不但会设定目标，而且能够实现甚至超越它。回顾往事，我觉得自己有一种说不出的魅力。这股魅力会不知不觉地吸引住你。

罗斯福（Franklin D. Roosevelt）总统总是坐在轮椅上缓慢地演说，雷·查尔斯（Ray Charles）则是个盲人。然而，他们的魅力都是无可否认的。重点是，你不需要像托尼·罗宾斯一样去影响与鼓舞业务员，因为任何人都可以发展出有吸引力同时又具激励性的领导风格。这是一种雄心、承诺与可以学习的技巧。

如果你由于我说过的这些话而认为发展人格特质不过是一种做作，这就是没有抓到我说话的重点。如果你渴望当一名业务经理，你就已经培养出了某种领导特质，再加上有意识地发展某些特定领导品质，可以使你的魅力大增。卓越的销售管理对于喜欢道人长短又好为人师的人来说，绝对不是自然生成的结果。备受我们所尊崇的“让美梦成真家”，奖励的就是那些以自己的优点来发展领导风格的人，他们能够利用这样的风格集结大家的努力，一起将业绩推向更高峰。

有意识地发展领导风格的有效方式之一，就是多读书。因为阅读可以增进自我成长，你可以考虑以这个方式来练习你的领导技巧。以下的建议可以强化你的阅读技巧。

- 做个积极的读书人。随时准备一支萤光笔画下重点，把注意力放在标出颜色的地方，并用另一支笔在旁边写下你的阅读“感想”。
- 你的阅读书单主题应该包括最基本的领导能力、管理、自我强化、激励与鼓舞。同时，还要把你的阅读范畴延伸至军队、政治、宗教及企业等不同领域领导人的传记，以及哲学书籍。
- 订阅诸如《销售力》（*Selling Power*）、《销售与营销》（*Sales and Marketing*）及《直销》（*Direct Sales Journal*）等杂志。《财富》杂志几乎每一期都会有世界最顶尖的领导人的特别报道专题。
- 你可以在开车或排队的时候聆听有声书，妥善利用零碎时间。

领导人魅力并不在于你拥有当一个励志演讲大师的能力。不过，几乎每一个人都可以学习如何去利用“乐观进取”的态度，在恰当的时间说正确的话，并且以积极的行动领导业务员迈向成功。

这一章会告诉你一些培养具有吸引力、鼓舞性的魅力领导人应该掌握的技巧。通过一系列培训，每一个人都可以掌握领导的艺术。其实，技巧全在那儿，就看你学不学了。

以下我们将分析有助提升魅力特质的人格特征。你可以同时反省一下自己已经具有哪些，又有哪些是你想要拥有的。当中有些项目看来理所当然，但我观察过成千上万的业务经理，无论优秀或差劲的都一样，我敢保证，许多理所当然的事情实际上却不是这么一回事。

在每一位成功领导人的背后，都需要有他的业务员的支持。你具有的领导魅力越大，你获得的尊崇就会越高。而如果你已经拥有绝大多数特质，那你就已经是一位魅力领导大师了。

以身作则

你必须以身作则来展现你想要的速度。无论在哪一行，领导人最好都要以身作则，而特别是在管理业务员时，这一点格外重要。因为业务员在销售出任何东西之前，都跟失业状态没什么两样，随时都可辞职不干。所以，你做了什么比你说了什么更重要。思考一下当你做下列这些事情时树立了哪些榜样：

- 对于个人销售展现出热情。
- 观察业务员的现场销售演示。
- 当第一个亲自去尝试新开发工具的人。
- 当第一个到办公室同时最后一个离去的人。
- 穿得像成功人士一样来上班。
- 尊重别人，并且在言谈当中经常使用“请”及“谢谢”这些礼貌字眼。
- 说话诚实，尽管形势叫人为难，也一样坦白。
- 犯错的时候勇于直接而诚挚地说声“对不起”。

做好财务管理

在我们这一行当中，只有能够做好自我财务管理的业务经理才可能持续成长。花的比自己赚的多，就可以激励自己去赚更多钱——这只是一个神话。破产或跳票会造成你心理上的一大负担，也会让你手下的业务员丧失动力。做一名好的财务管理大师，你必须做到以下几点：

- 准时缴付账单。
- 永远不跟下属或同僚借钱。
- 避免跟公司预支薪水。
- 在银行存钱以备不时之需。

消除低迷的气氛

当你的单位或某一位重要干部跌入销售谷底时，考验你的销售管理经验的时刻就到了。你对于这种低迷氛围的回应方式，等于就是在对周围的人说明你是一个怎样的领导人。只要你做到下列事项，就可以让单位中的所有团队与业务员因你的行动而感到惊喜：

- 安排开发客户聚会。
- 进行 3 小时长的基本训练。
- 领导一个角色扮演竞赛。
- 规划一些新鲜事，比如户外活动、新开发技巧、新销售组合或小型竞赛。
- 就是要做些事情，而且做越多越好。
- 亲自到现场去销售、填写订单（看看第一个特质）。

努力保持身材与健康

管理业务单位是件很累人的事：工作时间长，而且工作时要表现得精力充沛。你的业务团队可能会耗尽你的体力，或是让你觉得身体吃不消。对于你的业务团队来说，你当前的生活就是他们未来的写照，如果你持续健身且保持健康，你的业务员会假设只要为你工作，你就可以带领他们走向同样的路。

你可以通过下列方式显示你有一个健康的生活方式：

- 养成运动的习惯，无论是打球或去健身房都可以。
- 安排好食谱，包括一份丰盛的早餐。
- 安排运动之夜来宣传你的健康理念，这同时还有助于培养团队精神。
- 每个月至少要安排一次长时间的周末休假，每一年规划一次小型度假活动，这样才能不断为自己积蓄能量。
- 如果办公室楼层够高的话，每天至少来回爬四次。
- 提倡办公室高尔夫活动，或是举办网球锦标赛。

创造出迫切感

要粉碎阻碍人类进步的“拖延”借口，最佳武器就是你要向团队成员灌输紧迫感。业务员赚不了钱的第一大原因，就是他们把开发客户的事情拖延到“明天”。你可以通过下列方式让他们产生紧迫感：

- 以身作则展现“立刻做，不拖延”的习惯。
- 事先安排好每一项任务完成的日期。
- 步伐迅速且目标明确。
- 尽快收集信息且立即作出决策。
- 表现出不喜欢性格消极爱拖延的人。

要积极主动

对一名业务经理来说，要做到积极主动，就不能仅仅依照“非紧迫但重要”方格中的内容来行事。

这种积极的精神当然会有风险，你可能会失败，也容易生那些对你的作风不满意的人的气。

大英百科全书的前全国业务经理鲍伯·贝斯曼曾经在20世纪70年代遭遇过一次大灾难。当时长达3个月的报社大罢工活动，严重影响了他在底特律招聘新人的工作。在那些日子里，可以用来招聘新人的唯一方式就是分类广告。而在大英百科公司向来就是以积极闻名的鲍伯当机立断，采用了一种新的招聘方式。他的努力不只是让参加招聘面试的人数增加，同时业绩表现在罢工期间还有增无减。他以相当高明的方式，通过领导风格的危机测验。

你要具备积极主动的能力，就要做到以下几点：

- 不要等着其他人来帮你解决问题。
- 在问题成为危机之前就把它找出来。
- 把解决问题视为自己的责任，而不要只停在原地不断地抱怨，让自己成为问题的一部分。
- 事先考虑到问题点及机会点，并提出相对应的改变计划。
- 不要痴心妄想着问题总会过去，而是要动手解决问题。

你的行动要有魄力

有些业务经理会避免决断，他们害怕可能会触犯某人，或是把事情焦点转移到自己身上来。对于那些有心要当个成功业务经理的人，我要送你三个字："克服它。"对于业务员来说，这是要工作，对于销售经理而言，这是要有魄力。销售谈话就是自信的最佳示范。理论上，我们会尽我们所能让顾客签下订单。但我们也都知道，如果自己表现得太自信，反而会让顾客觉得不安而失去他的订单；但如果我们不够自信，顾客又会决定"再多想一想"。

这是需要不断地练习，但你至少可以学着成功地走过自信线：

- 当你深信某件事情的时候，要据理力争。
- 以自信和专业的态度，表达一个全新但或许会有些争论的概念。
- 跟因公司决策而受害的业务员站在同一阵线上。
- 把你的新想法告诉你的老板。
- 当你的业务员作出任何有问题的事情时，立即制止他。

- 尝试新想法。

进行精彩的公开演说

既然所有的业务经理都已经有过几年的直销经验，因此在面对陌生人演说的艺术上，应该都有不错的表现 ——但这还是和对着一屋子陌生人演说不太一样。虽然我们都不是天生演说能力好的里根或马丁·路德，但我们至少可以尽我们所能成为一名优秀的演说家。一旦你成为一名业务经理，公开演说的重责大任很快就会降临在你身上。除非你已经是个相当令人信服的演说家，否则我都会建议你：

- 参加卡耐基课程训练。
- 加入“演讲俱乐部”（Toastmaster’s club），可以同时获得宝贵的公开演说经验及其他人的回馈意见。
- 利用第 13 章当中提到的讲话技巧。
- 参加由专业机构所举办的演说课程。

你的创新表现

你会希望你的团队成员把你当成一个解决问题的专家。你知道如何有效使用创新手法，而且永不间断地追求卓越，无论你是在回应不断改变的形势，还是给业务员一些新东西，让他们保持热诚与新鲜的感觉。尝试下列方式：

- 偷！从任何找得到的资源去“偷”（客气一点说应该是借）想法！
- 和业务伙伴一起进行头脑风暴！
- 参加外部销售课程与演说，并记得写笔记。
- 和你所尊崇的业务经理进行交流。
- 理解新想法的失败是可以接受的事情，因为好的创新经得起一而

再、再而三的利用，但不好的概念很快就完蛋了。

你是求变的代理人

在前一章当中，我们解释过有效能的领导人如何在不断追求卓越的过程中求变。但随机、不合理的改变可能会成为具有干扰性和伤害性的大灾难。所以，你的第一步应该是问：“我想要改变的是什么，为什么要变？我期望得到什么样的成果？”

最有效能的求变代理人就是懂得下列道理的业务经理：

- 相信业务组织当中的所有事情都可改变。他们绝不安于现状。
- 在团队中进行练习以检视业务目标，随时理清团队需要的是什么样的改变。你可以回顾一下第 14 章和第 15 章中提到的方法。
- 积极鼓励最佳业务员考虑转入管理阶层的可行性。
- 帮助业务员改变分配时间的方式。第 23 章中有更多细节。
- 当公司在执行新政策的时候，自己先站在改变的第一线。

你总是表现得很有热情

在本书一开始的时候，我们的前言就围绕着“有什么好消息”这个主题，因为这展现了成功业务经理乐观进取的态度与承诺。当事情变得困难的时候，伟大的领导人还是会保持“好消息”的观点——因为他们明白每一个问题都会有解决之道。

当你不断投入时间与努力去学习业务管理的技巧时，你就能对自己及团队产生信心，而这一点可以让你通过所有困难的考验。你可以毫无恐惧地问问你的团队：“有什么好消息？”因为在你的热诚与工作伦理之下，你已经创造出让大家都期待的“明天会比今天更好”的信念。

弗兰克·贝特格（Frank Bettger）在他经典之作《我是如何从销售失败走向销售成功的》（*How I Raised Myself from Failure to Success in Selling*）

一书中断言："如果你想要充满热诚，首先你的行动就要充满热诚。"对于你的工作及对你身边的人，你越是投入更多的热情，这份投入就越可能成真。

我的女儿5岁的时候曾经问过我是不是快乐，当时我的回答是："当然。"而她给我的建议是："你为什么不谈谈你的表情这件事呢?"也就是说，应该让业务员清楚地从你的表情上分辨出你的热情。你可以这么做：

- 多微笑。
- 带着充满信心的神态走进办公室。
- 对业务人员说一些积极正面的话。
- 表露出对生活的热情。
- 经常使用正面的字眼，比如"可以、将能够、去做"，避免"不可以、不能够、不要做"之类具有负面意义的词。
- 建立你充满欢乐气氛的个人打招呼方式，如："有什么好消息啊?"
- 当人们问你"最近怎么样"的时候，应回应"充满惊奇与喜悦"之类的话。
- 遇到一个问题时，只要表示出短时间的同情，然后就接着说："那我们接下来要怎么做?"
- 从问题中看到机会。

这些都是可以让每一个人认识你坚决态度的外在表现。记得"9·11"事件之后朱利安尼（Giuliani）在电视画面上的表现吗？你看到的并不是一个沮丧、被击垮的人，而是一个充满活力、有决心并且能够积极回应这场世纪大灾难的英雄。

你拥有把所有事情做好的热情

领导能力的优秀表现之一来自于把事情做好。这个表现并不是拜幸运的意外所赐，而是一名经理持续奉献的结果。成功的业务领导人永远都不会假设"这件事总会得到解决"，而是去确认可以百分之百做好。

要采取主动负责的态度把事情做好，你可以通过下列方式来做到这一点：

- 关心所有细节。
- 让业务员认为你就是英格兰区大英百科全书前任总裁乔·亚当斯所说那种“清楚你的期望”的人。
- 做个能为每一场业务会议制定议程内容的人。
- 担任提供各种开发技巧手册的角色。

你愿意负全责的态度

销售事业是一门关于人的事业，可能造就你的名声，也可能毁了你。当你对于灾难一贯表现出负责的态度，信守承诺，并且总是说到做到时，你就能建立起诚实正直的好名声。这对于一名业务经理来说，就是他银行里的存款余额。

当你做到下列事情的时候，就可以展现出真正的领导能力：

- 犯错之后立刻承认。
- 伤害到别人的时候，真诚地向对方说声“对不起”。
- 在业绩表现不佳时，立刻表示：“这都是我的错。”
- 信守自己许下的承诺。

你的操作过程要高度透明

我所谓的透明度，指的就是你在领导团队时的公平性、一致性与可预期性。你的主要决策是在与属下、老板讨论过后才下定论；在提出线索、分配时间及拨出资金进行地方性线索生产时，你不会有任何的私心或保留。

要让你的人员觉得他们可以百分之百地信任你，你必须：

- 依照每个人的成交能力公开分配线索。
- 制定每个人都可以理解的标准化练习流程，协助新业务员与低层经理之间的合作。
- 和你的整个业务团队一起分享所有的销售报告。

你是个推销梦想的人

业务员是依赖梦想而生存的。下一张订单、下一次好表现、下一次晋级，都是驱动业务员努力向上的梦想要素。而你的工作就是去保护、滋养他们的梦想，为他们创造出明天会比今天更好的期待，并成为他们让这些梦想成真的工具。你可以通过第 19、20 与 21 章回顾这一过程。

你可以通过下列方法让你的业务员保有梦想：

- 在你自己的生活中，建立并保有令人信服的目标。
- 和你的业务伙伴分享你的梦想。
- 帮助你的团队成员建立他们自己的远大目标。

表现出你很在乎业务员

业务经理和业务员之间的关系，和一般主管与受薪雇员之间的关系是绝对不同的。福特引擎部门的主管不需要花时间不断地去激励员工努力工作。但是你需要。

我们之中的大多数人都会声称自己很在意与业务员的关系，但业务员却会怀疑这样的承诺。建立可信度与忠诚度的最佳方法，就是你必须充分表现出你的确在乎。

你可以通过下列方式来表达你的态度：

- 出席业务员的婚丧喜庆活动。
- 探视住医中的业务代表与他们的家人。

- 在业务员生日、工作周年及圣诞节的时候，送给他们贺卡（正式一点的话，你可以送玫瑰给女士、送领带给男士）。
- 熟悉每位业务员的小孩、父母亲、另一半及重要家人的名字，并且直接以名字来问候他们。
- 给业务员时间处理他的家庭问题，不要让他因此有负罪感。
- 在听他们说话的时候，利用肢体语言或作笔记来表示你很在乎。
- 当你的业务代表陷入低潮的时候，陪同他们一起到现场销售（你不能只是说一番鼓励性的话之后就转身离去）。

你建立的是一个大家庭

业务员是一种社会性动物。比起其他一般职员，业务员更需要关怀、肯定与归属感。如果你可以在业务组织中营造出一家人的感觉，你就能够得到较低流动率与人事问题作为回报。建立大家庭的技巧如下：

- 在每周业务员的电话约会聚会时，订比萨跟大家一起分享。
- 定期与你的团队举办联谊活动。
- 在这类的联谊活动中，连带邀请他们的另一半或亲近的家人与朋友来参加。
- 主动提议将你的家作为每月团队烤肉活动的地点。
- 注意有没有人独自一人过感恩节。
- 和你的团队共度一个欢乐酒吧之夜。

你可以让团队成员感到开心

在我 42 年的管理生涯中，从没有人因为我太常说“谢谢你”而遭到抱怨。有些话大家永远都听不腻，如“你真的做得很棒，继续保持哦”！

对业务员来说，获得肯定比获得金钱更具激励效果。把成功的荣耀归于另一个人，即使是——甚至特别是——你才是成功最大关键的时候。当业务员听到不相干的人来对他说“我听说是你提出这个好主意的”这句话时，一定会觉得相当开心，同时会更努力地来证明你的高见，以达到你对他们的期望。

下面都是你可以让团队开心的方式：

- 任何时候都归功于他人。
- 在佣金薪资单上书写祝贺词。
- 寄送电子邮件肯定对方的某项成就，同时把这封信抄送管理高层。
- 每一次会议开始时，都先肯定业务员或团队的表现。

参考第 20 章的内容，里面提供了更多肯定人员付出的方法。

你是一个讲故事的人

两千年来，《圣经》一直是卖得最好的一本书，里面不只是因为有伟大的智慧，而且还有很多很棒的故事。《旧约》提供了前所未有的神话故事，而在《新约》中，耶稣则是通过叙述寓言的方式，来吸引听众的注意力。

同样是讲述一个原则，通过讲故事的方式更能够加深业务员的印象。如果你还没有这么做，可以用下列方法做到这一点：

- 建立适用于很多场合的故事资料库（当然，你要小心不要常常对着同一群人讲同一个故事）。
- 从阅读过的书、看过的电影、听过的演讲，以及任何讲过有意思故事的人那里“借”故事。

利用如何带来惊喜

掌握了给别人带来惊喜的方法，你就能够建立起你的团队，并强化你作为领导人的好名声。特别的活动能够创造永恒的共同回忆，凝聚整个团队的情感。我参与过各种不同的冒险活动，从蹦极到躺在中国长城上呼呼大睡，以及参加百老汇《西贡小姐》（*Miss Saigon*）的戏剧演出，和我一起参加过这些活动的销售伙伴们，永远都不会忘记这些把我们紧紧结合在一起的兴奋时刻。共享的回忆越多，你的团队凝聚力就会越强。

或许你没有预算举办几百人的大聚会，但大部分业务经理住址附近总会有个有趣的地方，可以让大家一起去制造一个美好的共同回忆。尽量从事一些你的团队成员自己永远不会去做的事情，因为这样会更为生动，产生更具戏剧性的效果。你将会发现这种有趣且让人惊奇的方式，可以进一步奠定你成为一个有魅力领导人的好名声。

有一些出人意料及特别的事情，或许你想尝试一下：

- 在某一周忽然宣布“倍增竞赛点数”的红利计划。
- 送出 100 朵玫瑰来肯定某一个业务员的特殊成就。
- 通过蹦极、泛舟或潜水等活动，创造戏剧化的回忆。
- 宣布“打败老板”竞赛，对任何两名你认为可以在三天之内通过合作产出更多销售订单的业务代表下战书。
- 在一段特定时间当中，举办老线索新订单的贴现活动。
- 宣布你手上有两张某个特殊活动的门票，准备送给今天最早拿到订单的业务员。

现在你有了 100 个以上的特殊活动可供选择，它们都能塑造出你的领导风格。很多领导行动的组合都可以创造出有力的个人特质。

你可以身体力行，帮助自己不断建立自己的领导特质。不妨依照自己希望树立出的形象，制定一张行动表，并且随时提醒自己，一切行动必须发自内心，否则你的形象就只是一个幌子。

以上所有的人格特质其实都有相同的来源：如果你真心喜爱你所做的事情，周围的人就能受到激励去做同样的事情。

自我评估

- 哪些树立领导风格的活动超出了你的领导风格?
- 你是不是早就具有了一些本章提到的领导特质?
- 你觉得还有哪些活动有助于你建立独特的、有魅力的领导风格?

以下我们所推荐的书籍，可以帮助你建立你的个人领导特质：

- *Jack：Straight from the Gut* by Jack Welch
- *Leadership Secrets of Attila the Hun* by Wess Roberts
- *The 21 Irrefutable Laws of Leadership* by John C. Maxwell
- *The Prince* by Niccolo Machiavelli
- *How to Win Friends and Influence People* by Dale Carnegie

书系代码	书　名	作　者	定价
经营管理			
BM001	《并购成长》(Digital Deals)	Geis	29.80
BM002	《绩效！绩效!》(企业培训版) (Coaching for Improved Performance)	Fournie	39.80
BM003	《质量无泪》(Quality Without Tears)	Crosby	39.80
BM004	《海阔天空——我在 DELL 的岁月》	方国健	20.00
BM005	《心时代——一个情感化的世界及其经济图景》	曹世潮	20.00
BM006	《情境领导者》(The Situational Leader)	保罗·赫塞	18.00
BM007	《EMBA 销售管理》(Sales Management)	Calvin	45.00
BM008	《EMBA 财务管理》 (Finance and Accounting for Non-financing Managers)	Weston	49.80
BM009	《EMBA 兼并与收购》(Mergers and Acquisitions)	Weston	38.00
BM010	《EMBA 公司战略》(Corporate Strategy)	Colley	39.80
BM011	《EMBA 创业管理》(Entrepreneurial Management)	Calvin	49.80
BM012	《EMBA 领导艺术》(Managerial Leadership)	Topping	35.00
BM013	《EMBA 战略营销管理》 (Strategic Marketing Management)	Parry	42.00
BM014	《EMBA 公司治理》(Corporate Governance)	Colley 等	49.80
BM015	《六西格玛是什么》(What is Six Sigma)	Pande	15.00
BM016	《六西格玛基础教材》(The Six Sigma Basic Training Kit)	Juran	80.00
BM017	《六西格玛团队实战手册》 (The Six Sigma Way Team Fieldbook)	Pande, Neuman, Cavanagh	49.80
BM018	《六西格玛团队怎么做》(Six Sigma Team Pocket Guide)	Federico	16.00
BM019	《杰克·韦尔奇领导艺术词典》 (Jack Welch Lexicon of Leadership)	Krames	32.00
BM020	《杰克·韦尔奇的 29 个领导秘诀》 (29 Leadership Secrets from Jack Welch)	Slater	29.80
BM021	《通用电气"群策群力"》(GE Work – Out)	Ulrich, Kerr, Ashkenas	39.80
BM022	《顶峰——如何成为最赚钱的咨询顾问》 (Million Dollar Consulting)	Weiss	48.00
BM023	《战略计划实务》(Applied Strategic Planning)	Goodstein 等	48.00
BM024	《平衡计分卡实用指南》(Balanced Scorecard)	Paul Niven	49.80
BM025	《战略物流管理》(Strategic Logistic Management)	Stock	80.00
BM026	《整合——企业并购成功之道》(M&A Integration)	Schweiger	39.80
BM027	《战略领导》(The Art and Discipline of Strategic Leadership)	Freedman	32.00

书系代码	书　　　名	作　者	定 价
BM028	《经理薪酬完全手册》(The Complete Guide to Executive Compensation)	Bruce R. Ellig	65. 00
BM029	《突破困境的领导艺术》(Leadership When the Heat's On)	Cox, Hoover	39. 80
BM030	《朱兰自传》(Architect of Quality)	Juran	50. 00
BM031	《卓越领导》(The Extraordinary Leader)	Zenger 等	39. 80
BM032	《精益六西格玛案例》(Learning into Six Sigma)	Wheat 等	18. 00
BM033	《领袖魅力》(Executive Charisma)	Benton	39. 80
BM034	《西南航空案例》(The Southwest Airlines Way)	Gittell	49. 80
BM035	《危机领导》(Leader Shock)	Hicks	29. 80
BM036	《应变》(Agile Business for Fragile Times)	麦卡锡　等	35. 00
BM037	《绩效导向的领导力》(Results-Based Leadership)	Ulrich　等	49. 80
BM038	《企业沟通的威力》(The Power of Corporate Communication)	Argenti　等	39. 80
BM039	《贯彻执行　现在就做》(Why Can't We Get Anything Done Around Here?)	李夫顿　等	20. 00
BM040	《高效能团队领导智慧》(Leadership Lessons of The Navy Seals)	坎农　等	39. 80
BM041	《竞争性销售》(Hope is not a Strategy)	佩吉	39. 80
BM042	《丰田汽车案例》(The Toyota Way)	莱克	49. 80
BM043	《风险管理》(Risk Management)	科罗赫　等	80. 00
BM044	《团队工作》(The Work of Teams)	卡岑巴赫	39. 80
BM045	《通用电气案例》(GE Work-out)	Ulrich　等	49. 80
BM046	《质量无泪》(修订版)	Crosby	39. 80
BM047	《绩效改进 19 讲》(201 Ways to Turn any Employee Into a Star Performer)	霍利	29. 80
BM048	《人性管理》(The Uncertain Art of Management)	奥斯曼	39. 80
BM049	《透明管理》(The Transparency Edge)	佩格诺	29. 80
BM050	《成本改进 181 法》(A Manager's Guide to Creative Cost Cutting)	大卫·杨	29. 80
BM051	《直觉》(The Art of What Works)	杜根	39. 80
BM052	《劣势者的优势》(The Underdog Advantage)	莫里	39. 80
BM053	《精益六西格玛服务》(Lean Six Sigma for Service)	乔治	55. 00
BM054	《活学活用博弈论》(Game Theory At Work)	米勒	39. 80
BM055	《巅峰绩效》(Peak Performance)	卡岑巴赫	39. 80
BM056	《丰田汽车:精益模式的实践》(The Toyota Way Fieldbook)	莱克 等	65. 00
BM057	《什么是公司治理》(What is Corporate Govermance)	科利 等	18. 00
经济学			
E－001	《中国经济》(Chinese Economy)	蔡昉,林毅夫	39. 80

书系代码	书　　名	作　者	定 价
E-002	《宏观经济学》(Macroeconomics)	Dornbusch	60.00
E-003	《经济学》(Economics)	McConnell, Brue	79.00
E-004	《微观经济学》(Microeconomics and Behavior)	Frank	65.00
E-005	《环境经济学》(Introduction to Environmental Economics)	Field 等	50.00
管理学			
MT001	《战略物流管理》(Strategic Logistic Management)	Stock	80.00
MT002	《物流战略咨询》(Supply Chain Strategy)	Frazelle	49.80
MT003	《组织人员配置》(Staffing Organization)	Heneman, Judge	
MT004	《战略管理》(Strategic Management)	Dess 等	40.00
MT005	《数据模型与决策:运用电子表格建模与案例研究》(第1版)(Introduction to Management Science)	Hillier 等	75.00
MT006	《数据模型与决策:运用电子表格建模与案例研究》(第2版)(Introduction to Management Science)	Hillier 等	75.00
MT007	《电子商务导论》(Introduction to E-Commerce)	雷波特　等	58.00
MT008	《供应链设计与管理》(Designing and Managing The Supply Chain)	辛奇—利维　等	40.00
MT09	《管理学基础》(Management)	克尼基　等	48.00
MT010	《定价》(Pricing)	门罗	65.00
MT011	《精通战略》(Mastering Strategy)	雷格斯比　等	39.80
MT012	《战略采购管理》(Harnessing Value in the Supply Chain)	班菲尔德	39.80
MT013	《逆向管理》(Don't Oil the Squeaky Wheel)	Rinke	39.80
MT014	《跨国管理》(Transnational Management)	Bartlett 等	79.80
MT015	《运营管理》(Matching Supply with Demand)	Cachon 等	50.00
营销管理			
MM001	《定位》(Positioning)	Ries & Trout	39.80
MM002	《营销战》(修订版)(Marketing Warfare)	Ries & Trout	39.80
MM003	《营销革命》(Bottom-up Marketing)	Ries & Trout	39.80
MM004	《新定位》(The New Positioning)	Trout	39.80
MM005	《颠覆广告》(Disruption)	让—马贺·杜瑞	40.00
MM006	《创意的竞赛》(Which Ad Pulled Best?)	Purvis	39.80
MM007	《广告文案名人堂》(The Art of Writing Advertising)	Higgins	29.80
MM008	《产品经理的第一本书》(The Product Manager's Handbook)	Gorchels	39.80
MM009	《全球整合营销传播》(Communicating Globally)	舒尔茨	39.80
MM010	《整合营销传播:利用广告和促销建树品牌》(IMC: Using Advertising and Promotion to Build Brands)	Duncan	298.00
MM011	《市场战略》(The Market Makers)	Spulber	48.00
MM012	《全球营销》(Global Marketing)	乔尼·约翰逊	60.00

书系代码	书　　名	作　者	定 价
MM013	《网络营销》(Internet Marketing)	默罕默德　等	65.00
MM014	《产品经理的第二本书》(The Product Manager's Field Guide)	Linda Gorchels	39.80
MM015	《营销学基础》(Essentials of Marketing)	佩罗特,麦卡锡	60.00
MM016	《文案发烧》("Hey, Whipple, Squeeze This.":A Guide to Creating Great Ads)	苏立文	39.80
MM017	《小鱼吃大鱼》(Eating the Big Fish)	摩根	45.00
MM018	《什么是战略》(Trout On Strategy)	特劳特	29.80
MM019	《整合营销传播:创造企业价值的五大关键步骤》(IMC: the Next Generation)	唐·舒尔茨　等	39.80
MM020	《促销管理的第一本书》	Schultz	39.80
MM021	《广告箴言》(And Now a Few Words From Me)	加菲尔德	29.80
MM022	《营销计划手册》(The Successful Marketing Plan)	赫宾 等	68.00
MM023	《渠道管理的第一本书》(The Manager's Guide to Distribution Channels)	哥乔斯 等	35.00
MM024	《项目管理的第一本书》(The McGraw-Hill 36 – Hour Project Management)	库克,塔特	
MM025	《细读杰克·韦尔奇》	Krame, Slater	39.80
MM026	《品牌资产管理》(Brand Asset Management)	戴维斯	39.80
MM027	《互愿营销》(Opt-In Marketing)	罗曼 等	39.80
MM028	《401 个营销实用妙方》(401 Killer Marketing Tactics)	费尔藤斯坦	39.80
MM029	《作业成本管理的第一本书》(Common Cents)	特尼	39.80
销售管理			
SM001	《成功销售管理的 7 大秘诀》(7 Secrets to Successful Sales Management)	Wilner	39.80
SM002	《电话行销,轻松成交》	姚能笔	39.80
SM003	《摸透顾客心》(Ten Demandments)	Mooney Bergheim	39.80
SM004	《练就铁齿铜牙》(Secrets of Power Persuasion for Salespeople)	Dawson	39.80
SM005	《轻松收款》(Collections Made Easy)	卡罗尔	39.80
SM006	《打倒墨菲定律　挽救我的销售》(Beating the Deal Killers)	Giglio	39.80
SM007	《增加销售的 12 种核心技术》(Beyond E)	Diorio	39.80
SM008	《销售管理》(Sales Force Management)	Johnston 等	49.00
SM009	《汽车销售的第一本书》	孙路弘	39.80
SM010	《终极销售力》(Ultimate Selling Power)	莫伊,洛伊德	39.80
SM011	《顶尖销售的 25 堂课》(Secrets of Top Performing Salespeople)	乔诺　等	29.80

书系代码	书　　名	作　者	定 价
SM012	《引爆销售的 10 大黄金法则》	Desena	39.80
SM013	《再造销售奇迹》	Eades	39.80
SM014	《攻心式销售》	Bosworth	24.80
SM015	《百万销售师》	Gardner	24.50
SM016	《成交》	Victor	29.80
SM017	《直销经理的第一本书》(Making Millions in Direct Sales)	马拉汉 等	39.80
职场发展			
CD001	《外企面试宝典》(More Best Answers to the 201 Most Frequently Asked Interview Questions)	DeLuca	25.00
CD002	《人才心理测评》(Psychological Testing at Work)	Hoffman	25.00
CD003	《演讲的艺术》(Strictly Speaking)	Buckley	29.80
CD004	《五大会计师行》	周年洋　等	24.80
CD005	《职业经理自修手册》(The Manager's Self-development Guide)	Pedler	35.00
CD006	《关键对话》(Crucial Conversations)	Patterson 等	29.80
CD007	《静思录》(Finding Your Strength in Difficult Times)	David Viscott	19.80
CD008	《商务英语书信写作精益求精篇》	康宁汉　等	29.80
CD009	《商务人士日常书信写作》(Great Personal Letters for Busy People)	布赫	48.00
CD010	《销售信函》(Sales Letters Ready to Go)	贝塞尔　等	32.00
CD011	《商务信函》(Business Letters Ready to Go)	Bayse	39.80
CD012	《我爱笨老板》(How to Work for an Idiot)	胡佛	29.80
CD013	《实用英语动词短语》(Basic Phrasal Verbs)	斯皮尔斯	35.00
CD014	《赛马》(Horse Sense)	里斯,特劳特	29.80
CD015	《报刊装帧设计手册》(The Newspaper Designer's Handbook)	哈洛维	128.00
CD016	《君子善言》(Speak Like a CEO)	贝茨	32.00
投资理财			
IF001	《投资艺术》(Winning the Loser's Game)	Ellis	19.80
IF002	《向格雷厄姆学思考,向巴菲特学投资》(How to Think Like Benjamin Graham and Invest Like Warren Buffett)	Cunningham	39.80
IF003	《巴菲特怎样选择成长股》(How to Pick Stocks Like Warren Buffett)	Vick	29.80
IF004	《最后的合伙人》(The Last Partnership)	Geisst	29.80
IF005	《财务报表分析与证券定价》(Financial Statement Analysis and Security Valuation)	Penman	98.00
IF006	《技术分析》(Technical Analysis Explained)	Pring	80.00

书系代码	书　　名	作　者	定 价
IF007	《技术分析 A－Z》(Technical Analysis from A to Z)	Achelis	55.00
IF008	《股票价值评估》(Valuing a Stock)	Gray　等	39.80
IF009	《蜡烛图精解》(Candlestick Charting Explained)	Morris	39.80
IF010	《技术分析习题集》(Study Guide for Technical Analysis Explained)	Pring	25.00
IF011	《股票市场的时机选择》(Timing the Stock Market)	亚历山大	48.00
IF012	《最佳卖出点》(It's when You Sell that Counts)	卡西迪	39.80
IF013	《股市名言》(Buy the Rumor, Sell the Fact)	麦洛	29.80
IF014	《向格雷厄姆学思考,向巴菲特学投资》(修订版)	Cunningham	39.80
IF015	《华尔街投资银行史》	Geisst	49.80
IF016	《信用风险:度量与管理》	瑟维吉尼	65.00
IF017	《财务报表分析与证券定价》(第二版) (Financial Statement Analysis and Security Valuation)	Penman	98.00
IF018	《信用评分模型技术与应用》	陈建	60.00
IF019	《现代信用卡管理》	陈建	80.00
IF020	《标准普尔教你做好个人理财》(The Standard & Poor's Guide to Personal Finance)	道尼	25.00
IF021	《标准普尔教你做好第一笔投资》(The Standard & Poor's Guide for the New Investor)	马蒂夫	25.00
IF022	《标准普尔教你做好长期投资》(The Standard & Poor's Guide to Long-Term Investing)	提格	20.00

（具体数据以出书为准）

销售服务：010－88191017，88191063(FAX)
E-mail：　webmaster@ewinbook.com
邮购地址：北京市阜成路甲 28 号新知大厦
　　　　　中国财政经济出版社邮购部
邮购费用：书价加 15%
电　　话：010－88190406　88190488
邮　　编：100036

图书订购单

（可复印使用）

第一步：请您填写以下资料：

公司名称： 收书人：
发货（邮寄）地址： 邮编：
联系电话： E-mail：

第二步：请您填写您所选购的图书及册数资料：

图书名称（请注明版次）	数　量	单价（RMB）	合计（RMB）
合　　计			

第三步：请您到邮局将款项汇至以下地址：

收 款 人：中国财政经济出版社邮购部
地　　址：北京市海淀区阜成路甲28号新知大厦
邮　　编：100036
电　　话：010-88190406　88190488
传　　真：010-88190414
邮购费用：书价加15%的邮费

第四步：请确认您是否需要增值税票，如果需要请在传真中注明您的增值税信息：

☐ 开具增值税发票　　☐ 开具普通发票

第五步：如果您想了解其他详细情况，请垂询销售热线：

TEL：010-8819 1017

第六步：请您在以下空白处签字确认：

客户：
日期：

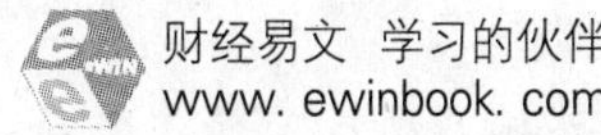

名家赞语

迈克尔·马拉汉的书可以帮助你克服业务员离职的第一大原因：害怕被拒绝。他会告诉你如何去接受它，如何在心理上对待它，并且告诉你如何以同时战胜客户与自己的方式来克服它。

——杰弗瑞·基特玛（Jeffrey Gitomer）

畅销书《销售圣经》（*The Sales Bible*）作者

利用《直销经理的第一本书》中的工具，就可以确保面对面销售大门为你敞开。任何人只要拥有这本书，就可以把任何东西卖给任何人。我真的很喜欢这本书！

——乔·吉拉德（Joe Girard）

已列入吉尼斯世界纪录的世界第一零售业务员、作家

迈克尔·马拉汉带着愿景与热诚，为我们规划出一步步通往成功销售管理的稳健课程。建立与领导业务团队需要的不只是设定目标及教导如何克服阻碍，若要你的团队懂得销售产品与服务，需要的是个人的训练、同理心、关系培养等。这一切都在本书当中。

——杰克·威尔纳（Jack D. Wilner）

演说家、训练讲师，著有《成功销售的七大秘诀》

这是一本根据绩效核算薪水的业务管理操作手册，是让你立即成功的范本。

——乔·亚当斯（Joe Adams）

大英百科全书（Encyclopedia Britannica）前首席执行官

这是一本面对面销售产业专用的成功计划书。

——迈克尔·巴顿（Michael Batten）

学习科技公司（Learning Technologies）总裁

及迪斯尼美语世界（Disney World of English）经销商

你想要让自己的收入增长两倍甚至三倍吗？如果要的话，这本书绝对是帮助你改进招聘过程、创造更多业务线索及激发业务员潜力的最佳指南。马拉汉不会把时间浪费在和现实不相干的理论上，他向你提供的是他亲身验证过的、可以立即拿来改进绩效的操作技巧。只要看了这本书，成功就是你的。

——山姆·霍恩（Sam Horn）

《谈话高手》（*Tongue Fu!*）等书作者

在直销事业中，冷拜访（cold calling）是基本功，因此克服被拒绝的恐惧是当务之急。在《直销经理的第一本书》中，马拉汉毫无保留地跟大家分享让他及其他许多人通往成功的道路。这本书可以让你懂得业务并轻松成交。

——史蒂芬·施夫曼（Stephan Schiffman）美国冷拜访大师及作家

著有《百万业务员销售秘诀》（*Getting to "Closed"*）等书

在本书中，迈克尔·马拉汉通过 8 项经过他亲身验证的关键行动，告诉我们如何实现打造业务王国的梦想。

——妮基·柯郝（Nicki Keohohou）

直销女性联盟（Direct Selling Women's Alliance）首席执行官

我在好几年前管理直销业务员的时候，非常希望具备《直销经理的第一本书》中所有的工具与技巧。对于想要经营一个卓越团队的业务经理来说，这 8 项业务经理每天都要进行的关键行动所带来的价值，绝对比这一本书的价格要高上无数倍！

——东尼·亚历山德拉（Tony Alessandra）

著有《*Collaborative Selling and The Platinum Rule*》

对于任何一位业务王国建立者来说，《直销经理的第一本书》是一本值得一再翻阅的参考书，里面有几百个妙方，教你如何召开业务会议，向你提供开发客户的务实建议，并协助你建立领导力的计划书。

——莉莎·希梅聂兹（Lisa Jimenez）

教育硕士及作家，著有《*Conquer Fear!*》等书